इंस्ट्रूमेंट मैकेनिक फर्स्ट ईयर हिंन्दी MCQ

मनोज डोळे

डिजिटाइजेशन समय की मांग है। भविष्य में, प्रशिक्षण को अधिक सुविधाजनक और आसान बनाने के लिए ऑनलाइन इंटरनेट का उपयोग करके औद्योगिक प्रशिक्षण संस्थानों में प्रशिक्षण आयोजित करने की आवश्यकता होगी। एमसीक्यू प्रश्नों के एक सेट वाली ई-पुस्तकें प्रशिक्षुओं को उपलब्ध कराई जाएंगी क्योंकि उन्हें अपने औद्योगिक प्रशिक्षण संस्थानों में होने वाली ऑनलाइन परीक्षाओं की तैयारी के लिए बहुविकल्पीय प्रश्नों एमसीक्यू के अधिक आदी होने की आवश्यकता है।

इन सब बातों को ध्यान में रखते हुए औद्योगिक प्रशिक्षण संस्थान सतारा के प्रशिक्षक श्री मनोज मधुकर डोले ने नई वार्षिक प्रणाली और एनएसक्यूएफ-5 पाठ्यक्रम के अनुसार पुस्तकें लिखी हैं। और उन्होंने प्रशिक्षण को आसान बनाने के लिए सैद्धांतिक मोबाइल ऐप और ब्लॉग बनाए हैं, और इन सभी शैक्षिक सामग्री को विश्व प्रसिद्ध वेबसाइटों Google Play Store, Amazon और Apple Book Store पर डाउनलोड के लिए उपलब्ध कराया है।

पुस्तकों का प्रकाशन माननीय सहसंचालक श्री राजेंद्र घुमे साहेब प्रादेशिक व्यावसायिक शिक्षण व प्रशिक्षण कार्यालय, पुणे द्वारा दिनांक 9/1/2019 को किया गया, इस समय श्री प्रकाश सहगवकर साहब प्राचार्य शासकीय औद्योगिक प्रशिक्षण संस्थान औंध पुणे, श्री तुकाराम मिसाल साहेब प्राचार्य सरकार प्र. संस्था सतारा, श्री सचिन धूमल साहब जिला व्यावसायिक शिक्षा एवं प्रशिक्षण अधिकारी सतारा, श्री यतिन परगांवकर साहब प्राचार्य शासन. Q. संस्था कोल्हापुर, श्री विकास टेक साहब इंस्पेक्टर वोकेशनल एजुकेशन एंड ट्रेनिंग रीजनल ऑफिस पुणे, पालेकर फूड्स प्रोडक्ट्स प्रा. लि. सतारा के उद्यमी अध्यक्ष श्री नीलकंठराव पालेकर साहब, हीरा फूड्स के अध्यक्ष श्री इब्राहिम बाबा तंबोली साहब, श्रीमती शाल्मली पवार मुख्याध्यापिका शासकीय तकनीकी विद्यालय केंद्र सतारा सहित अन्य गणमान्य व्यक्ति इस अवसर पर उपस्थित थे।

क्रम-सूची

प्रस्तावना

इंस्ट्रूमेंट मैकेनिक फर्स्ट ईयर एमसीक्यू आईटीआई और इंजीनियरिंग कोर्स इंस्ट्रूमेंट मैकेनिक फर्स्ट ईयर के लिए एक सरल पुस्तक है, संशोधित एनएसक्यूएफ सिलेबस , इसमें रेखांकित और बोल्ड सही उत्तरों के साथ वस्तुनिष्ठ प्रश्न हैं, एमसीक्यू में सभी विषयों को शामिल किया गया है, जिसमें सुरक्षा और पर्यावरण के बारे में नवीनतम और महत्वपूर्ण, उपयोग के बारे में सभी विषय शामिल हैं। आग बुझाने के यंत्र, कृत्रिम श्वसन पुनर्जीवन शुरू करने के लिए। उन्हें व्यापार उपकरण और इसके मानकीकरण, बिजली की मूल बातें, पीएमएमसी और एमआई उपकरणों के निर्माण से परिचित होने का विचार मिलता है। विभिन्न प्रकार के एमीटर, वोल्टमीटर, वाटमीटर और एम्पीयर-घंटे मीटर का ओवरहालिंग और परीक्षण और अंशांकन, मीटर संवेदनशीलता, सटीकता, अधिकतम शक्ति, क्षमता

आदि। केबल का परीक्षण करें और विद्युत पैरामीटर को मापें, ट्रांसफार्मर पर प्रयोग, प्राथमिक और माध्यमिक वाइंडिंग फाइलिंग अभ्यास में करंट और वोल्टेज को मापें, वर्नियर कैलिपर, वर्नियर हाइट गेज की मदद से मार्किंग और मापन करें। बैटरियों के संचालन और रखरखाव के लिए विभिन्न प्रकार और कोशिकाओं के संयोजन पर कौशल अभ्यास किया जा रहा है। निष्क्रिय और सक्रिय इलेक्ट्रॉनिक घटकों को पहचानें और उनका परीक्षण करें। अनियमित और विनियमित बिजली आपूर्ति का निर्माण और परीक्षण। होल पीसीबी और विभिन्न प्रकार के स्विच, बजर, सोलनॉइड वाल्व जैसे विभिन्न प्रकार के विद्युत और इलेक्ट्रॉनिक घटकों के सोल्डरिंग और डी-सोल्डरिंग का अभ्यास करें। विभिन्न प्रकार के डायोड, VI विशेषताओं, रेक्टिफायर, एम्पलीफायर, ऑप-एम्प्स, ऑसिलेटर और वेव शेपिंग सर्किट का निर्माण और परीक्षण। बिजली इलेक्ट्रॉनिक घटकों का परीक्षण। पावर कंट्रोल सर्किट का निर्माण और परीक्षण करें। ऑप्टो इलेक्ट्रॉनिक उपकरणों को पहचानें और उनका परीक्षण करें। एसएमडी सोल्डरिंग और असतत एसएमडी घटकों के डी-सोल्डरिंग पर कौशल हासिल करने में सक्षम। डेटा बुक का हवाला देकर विभिन्न डिजिटल आईसी की सत्य सारणी का सत्यापन करना। विभिन्न लॉजिक गेट्स, आरएस और जेके फ्लिप फ्लॉप, काउंटर, बीसीडी से दशमलव डिकोडर, 7 सेगमेंट डिस्प्ले सर्किट, डी / ए और ए / डी सर्किट, आरएस 485 से आरएस 232 कनवर्टर की सत्य सारणी का सत्यापन। विभिन्न सर्किटों का अनुकरण और परीक्षण करने के लिए सर्किट सिमुलेशन सॉफ्टवेयर का अभ्यास करें। एक कंप्यूटर सिस्टम को असेंबल करें, ओएस इंस्टॉल करें, एमएस ऑफिस के साथ अभ्यास करें। इंटरनेट का उपयोग करें, ब्राउज़ करें, मेल आईडी बनाएं, डाउनलोड करें

सर्च इंजन का उपयोग करके इंटरनेट से वांछित डेटा। माइक्रोप्रोसेसर ट्रेनर किट से परिचित, माइक्रोप्रोसेसर पर बुनियादी कार्यक्रम। मापन वोल्टेज, सीआरओ का उपयोग कर आवृत्ति, ऑपरेटिंग स्टोरेज ऑसिलोस्कोप। और बहुत अधिक।

हम प्रत्येक नए संस्करण के साथ नए प्रश्न उत्तर जोड़ते हैं। किसी भी त्रुटि/चूक के मामले में कृपया हमें ईमेल करें। यह यकीनन सभी इंजीनियरिंग बहुविकल्पीय प्रश्नों और उत्तरों के लिए सबसे बड़ी और सर्वश्रेष्ठ ई-बुक है।

एक छात्र के रूप में आप इसे अपनी परीक्षा की तैयारी के लिए उपयोग कर सकते हैं। यह ई-पुस्तक प्रोफेसरों के लिए सामग्री को ताज़ा करने के लिए भी उपयोगी है।

भूमिका

डीजीईटी नई दिल्ली और सीएसटीएआरआई कोलकाता अगस्त 2018 सत्र से आईटीआई में सभी व्यवसायों के लिए एक वार्षिक पैटर्न लागू कर रहे हैं। परीक्षा प्रणाली में भी बदलाव किया जाएगा और यह इस साल से ऑनलाइन हो जाएगी और चूंकि सभी प्रश्न वस्तुनिष्ठ प्रकार (एमसीक्यू) के हैं, इसलिए प्रशिक्षुओं को गहन अध्ययन की सख्त जरूरत है। इसे ध्यान में रखते हुए हमें पुराने NIMI पैटर्न पर आधारित पुस्तकें और नए वार्षिक पैटर्न का संपूर्ण अवलोकन प्रस्तुत करते हुए प्रसन्नता हो रही है, और हम आशा करते हैं कि ये पुस्तकें सभी व्यावसायिक निदेशकों और प्रशिक्षुओं के लिए एक मार्गदर्शक होंगी। है।

इन पुस्तकों को लिखने के लिए आईटीआई अकलुज के प्राचार्य जोहर अवाटे साहब ने कहा। आईटीआई सतारा सहगवकर साहब के पूर्व प्राचार्य, सहायक निदेशक श्री चंद्रकांत ढेकने साहेब क्षेत्रीय व्यावसायिक शिक्षा एवं प्रशिक्षण कार्यालय, पुणे, जिला व्यावसायिक शिक्षा एवं प्रशिक्षण अधिकारी सचिन धूमल साहेब एवं प्रधानाध्यापक शासकीय तकनीकी विद्यालय केन्द्र शाल्मली पवार मैडम एवं पुत्र अधिराज डोले, माता कुसुम डोले , मैं अपने पिता मधुकर डोले और पत्नी अश्विनी डोले को समय-समय पर उनके विशेष मार्गदर्शन और सहयोग के लिए बहुत आभारी हूं।

साथ ही, बहुत ही कम समय में श्री राजेन्द्र घुमे साहेब, संयुक्त निदेशक, व्यावसायिक शिक्षा और प्रशिक्षण क्षेत्रीय कार्यालय, पुणे द्वारा पुस्तक के प्रकाशन में उनके अमूल्य समय के लिए पुस्तक की समीक्षा की गई। मैं उनकी प्रतिक्रिया के लिए हृदय से आभारी हूँ।

पुस्तक लिखने की शुरुआत से ही निरंतर समर्थन के लिए मैं आईटीआई सतारा के प्रशिक्षक का आभारी हूं।

इस पुस्तक से, मैं खुद को धन्य मानता हूं कि मैंने आपके साथ ई-लर्निंग पर अपने विचार साझा किए। मैं यह दावा नहीं करूंगा कि यह पुस्तक पूर्ण है, क्योंकि पूर्णता को देखते हुए यह पुस्तक एक प्रयास है और अपनी शैशवावस्था में है। यदि उनका परीक्षण और सुझाव दिया जाए तो वे सुधार के लिए मूल्यवान होंगे।

मनोज डोले
दिनांक 9/1/2019

पावती (स्वीकृति)

21वीं सदी में औद्योगिक क्षेत्र में तेजी से बढ़ती मांग के अनुरूप बहु-कुशल कारीगरों की आपूर्ति के लिए व्यावसायिक शिक्षा और प्रशिक्षण विभाग के माध्यम से व्यावसायिक शिक्षा और प्रशिक्षण विभाग के माध्यम से व्यावसायिक शिक्षा और प्रशिक्षण प्रदान किया जाता है। संस्थानों के भीतर सभी व्यवसाय महत्वपूर्ण हैं, क्योंकि इन व्यवसायों के प्रशिक्षु उद्योग की मांगों के अनुसार बहु-कौशल विकसित करते हैं।

सभी व्यवसायों के लिए उपयुक्त एमसीक्यू ई-पुस्तकें उपलब्ध कराने के नेक इरादे से, यह देखते हुए कि औद्योगिक क्षेत्र के सभी उद्योगों में सभी परीक्षाएं ऑनलाइन आयोजित की जाती हैं और इसमें एमसीक्यू पद्धति के प्रश्न शामिल होते हैं। श्री मनोज मधुकर डोले ने नए वार्षिक पाठ्यक्रम के अनुसार एमसीक्यू पद्धति पर एक बहुत अच्छी ई-बुक लिखी है। यह ई-पुस्तक निश्चित रूप से सभी प्रशिक्षुओं, प्रशिक्षु उम्मीदवारों, प्रशिक्षण प्रशिक्षकों और अन्य संबंधितों के लिए एक मार्गदर्शक होगी।

पुस्तक के लेखक श्री मनोज मधुकर डोले, इंस्ट्रक्टर गॉव आईटीआई सतारा को 17 साल का प्रशिक्षण अनुभव है। एक नए वार्षिक पैटर्न के रूप में लिखी गई, यह ई-बुक प्रत्येक विषय के लिए लेआउट, सरल भाषा और सरल सिंटैक्स, आरेख और वीडियो को समझने के लिए आधुनिक डिजिटल क्यूआर कोड तकनीक को शामिल करती है। इसलिए मुझे विश्वास है कि यह ई-पुस्तक निश्चित रूप से गहन अध्ययन और परीक्षा अभ्यास के लिए उपयोगी होगी। उन्होंने जो कार्य किया है वह निश्चित रूप से काबिले तारीफ है।

श्री तुकाराम मिसाल
प्राचार्य शासकीय औद्योगिक प्रशिक्षण संस्था सातारा.

आमुख

हमारे औद्योगिक प्रशिक्षण संस्थानों की औद्योगिक प्रशिक्षण और सैद्धांतिक परीक्षा प्रणाली और इन परिवर्तनों को शिल्प प्रशिक्षकों और प्रशिक्षुओं द्वारा स्वीकार किया गया है। आपके औद्योगिक प्रशिक्षण संस्थानों में आयोजित सैद्धांतिक परीक्षाएं भी ऑनलाइन आयोजित की जाती हैं। चूंकि ये परीक्षाएं बहुविकल्पीय एमसीक्यू पद्धति की हैं, इसलिए प्रशिक्षुओं को ऐसे प्रश्नों का अधिक अभ्यास करने की आवश्यकता होगी।

इन सब बातों को ध्यान में रखते हुए श्री मनोज मधुकर, निदेशक, डोले क्राफ्ट्स, कटारी औद्योगिक प्रशिक्षण संस्थान, सतारा, ने नई वार्षिक प्रणाली और NSQF-5 के अनुसार, गहन अध्ययन किया है और अपनी मेहनत से और अपनी गहरी बुद्धि को जोड़ा है। पाठ्यक्रम, कटारी और अन्य मशीन ट्रेडों की ई-बुक। -बुक) और उन्होंने प्रशिक्षण को आसान बनाने के लिए सैद्धांतिक विषयों पर मोबाइल ऐप और ब्लॉग बनाए हैं और इन सभी शैक्षिक सामग्री को विश्व प्रसिद्ध वेबसाइटों Google Play Store, Amazon और Apple Book Store पर डाउनलोड के लिए उपलब्ध कराया है। प्रिंट संस्करण बनाकर और क्यूआर कोड जैसी उन्नत तकनीकों का उपयोग करके प्रशिक्षण को आसान बना दिया गया है।

ये सभी शैक्षिक सामग्री निश्चित रूप से सभी प्रशिक्षुओं के लिए गहन अध्ययन के लिए और शिल्प प्रशिक्षकों और अन्य संबंधितों के लिए एक मार्गदर्शक होगी जो व्यावसायिक प्रशिक्षण प्रदान कर रहे हैं।

1

इंस्ट्रूमेंट मैकेनिक फर्स्ट ईयर QR Code Images

Download App
Online Test Exam
ITI Books
AutoCAD CAM
JOB & Apprentice
Online Theory
Computer Course
Trading Course
CNC Course
MSCIT Course
Shopping Business
Internet Business
Web Designing
Online Services
Top Sportsmans
Indian Army
Freedom Fighters
Top Scientists
Social Reformers
Motivational Speaker
Top Richest People
Join WhatsApp Group
Join Facebook Group
Like Facebook Page
PAN / Adhar / Licence Passport

Fire extinguisher

Calliper

Hacksaw frame

Universal surface guage

Hammer

Centre punch

Bench vice

Files

Scraper

Surface Plate

Outside Micrometer

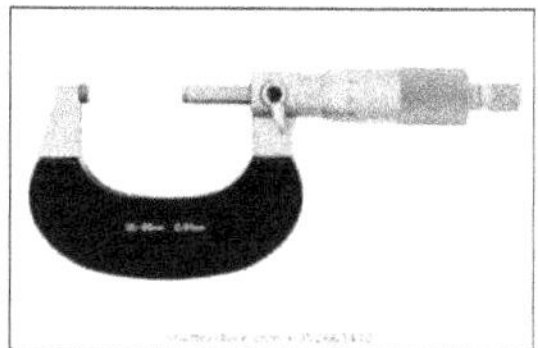 

Micrometer

Depth micrometer

Vernier Calliper

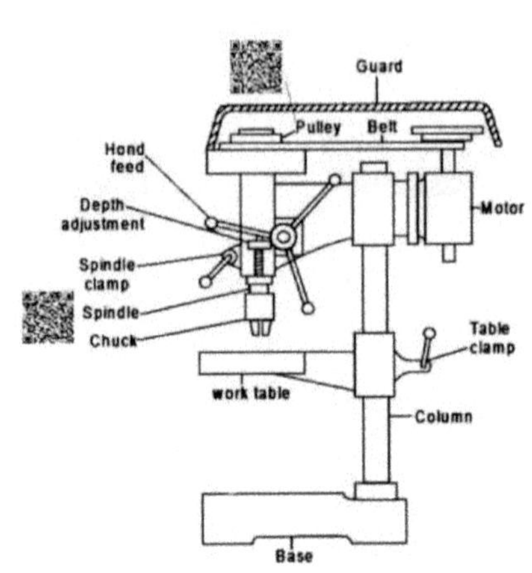

Piller Drilling Machine

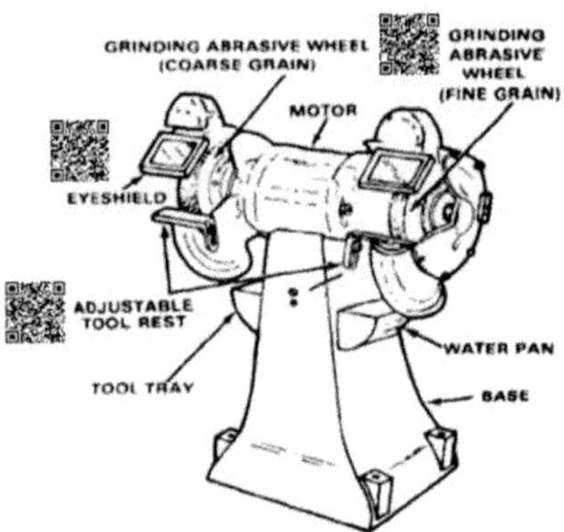

Pedastal Grinding Machine

14 ITI Book MCQ - Manoj Dole
www.itibook.com
battery
capacitor
cell
dynamometer
electromagnet
heater
inductance
magnet
www.itigov.blogspot.com   www.jobapprentices.blogspot.com   www.ititests.blogspot.com
www.itibook.com

ITI Book MCQ - Manoj Dole
www.itibook.com
megger
motor
multimeter
ohmmeter
resistores
star connected
alternator
voltmeter
ammeter
wattmeter
www.itigov.blogspot.com   www.jobapprentices.blogspot.com   www.ititests.blogspot.com
www.itibook.com

COMPUTER PARTS
COMPUTER
MOUSE
KEY BOARD
SCREEN / MONITOR
FLASH DRIVE
TOWER
COMPACT DISC
LAPTOP
PRINTER
SCANNER
CARTRIDGES
WEB CAM

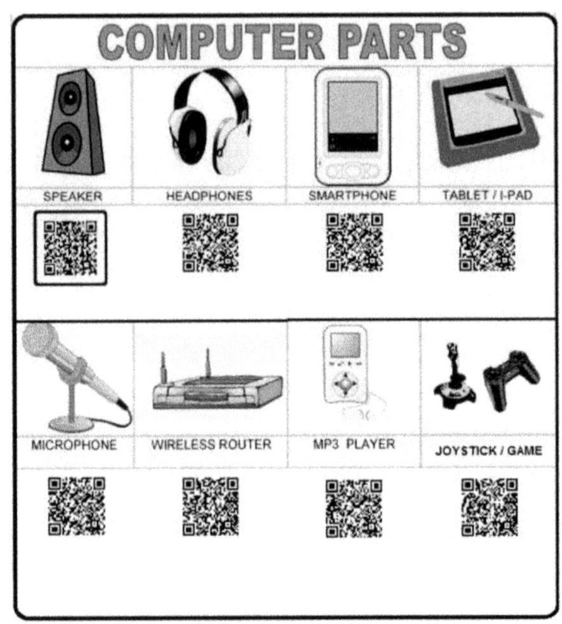
COMPUTER PARTS
SPEAKER
HEADPHONES
SMARTPHONE
TABLET / I-PAD
MICROPHONE
WIRELESS ROUTER
MP3 PLAYER
JOYSTICK / GAME

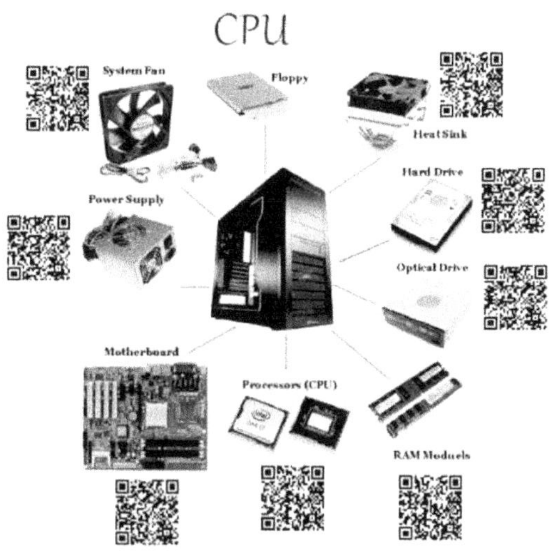
CPU
System Fan
Floppy
Heat Sink
Hard Drive
Power Supply
Optical Drive
Motherboard
Processors (CPU)
RAM Moduels
Computer CPU
Hardware Components

Matheeboad
Heatsink and Fan
Memory
Power Supply
CPU
Vodeo Card
Dvd Burner
Motherboard
Hard Drive
Motherboard
Hardware Components

Excel Basic Functions

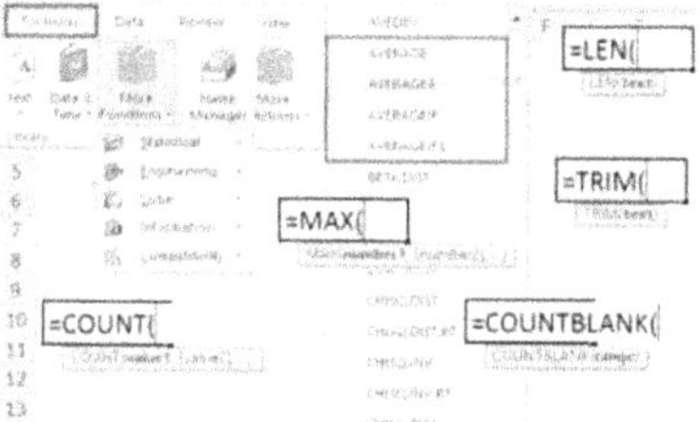

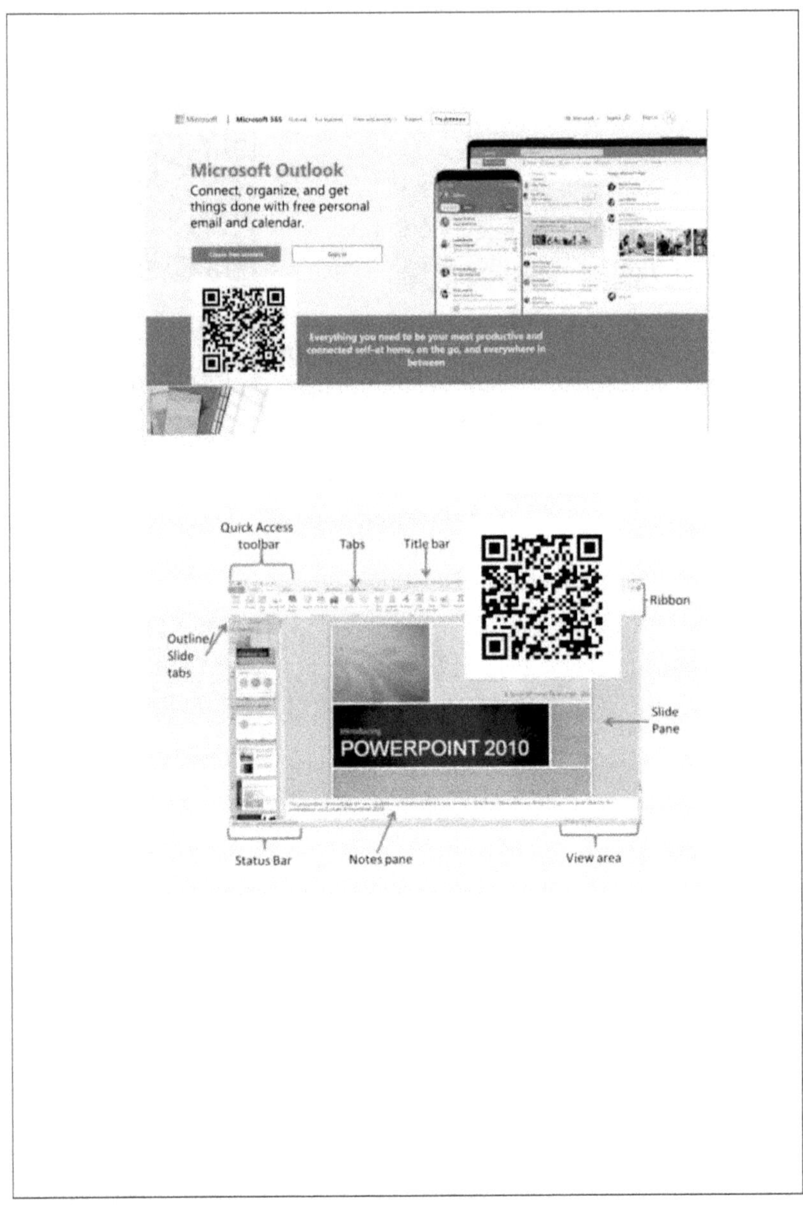

Microsoft Outlook
Connect, organize, and get things done with free personal email and calendar.
Everything you need to be your most productive and connected self-at home, on the go, and everywhere in between
Quick Access toolbar
Tabs
Title bar
Ribbon
Outline/ Slide tabs
POWERPOINT 2010
Slide Pane
Status Bar
Notes pane
View area

MS Paint
Microsoft
FEATURES OF
MS WORD
IN HINDI
WHAT IS MS WORD
HISTORY OF MS WORD
FEATURES OF MS WORD
W
Software Installation
Windows
Windows 7
MICROSOFT

2

इंस्ट्रूमेंट मैकेनिक फर्स्ट ईयर हिन्दी MCQ

1] कौन सी वर्कशॉप सेफ्टी है?

ए] दुकानकेफर्शकोसाफऔरग्रीस, तेलयाअन्यफिसलनसामग्रीसेमुक्तरखें

बी] गति बदलने से पहले मशीन बंद करो

सी] फटे या चिपके हुए औजारों का प्रयोग न करें

D] चल रही मशीन को हाथ से रोकने की कोशिश न करें

2] पर्सनल प्रोटेक्ट इक्विपमेंट (पीपीई) में हेल्मेट का उपयोग किया जाता है

ए] सिरकीरक्षाकरें

बी] आंखों की रक्षा करें

सी] हाथों की रक्षा करें

डी] कानों की रक्षा करें

3] निम्नलिखित में से कौन सामान्य सुरक्षा से संबंधित है?

A एक कार्यकर्ता को अच्छे व्यवहार में रखें

बी] काम साफ और स्पष्ट

सी] अपने काम पर ध्यान लगाओ

डी] फर्शऔरगैंगवेकोसाफऔरसाफरखें

4] पीसते समय आंखों की सुरक्षा के लिए किसका प्रयोग किया जाता है?

ए] गहरा हरा कांच

बी] मुखौटा

सी] धूप का चश्मा

डी] सुरक्षाचश्मा

5] मशीन सुरक्षा के लिए निम्नलिखित में से क्या किया जाता है?

ए] मशीनशुरूकरनेसेपहलेतेलकेस्तरकीजांचकरें

बी] चीजों को व्यवस्थित तरीके से करें

सी] फर्श और गैंगवे को साफ और साफ रखें

डी] डाई और स्कार्फ का प्रयोग न करें

6] पर्सनल प्रोटेक्ट इक्विपमेंट (पीपीई), 'स्लीव्स' का इस्तेमाल ---------- की सुरक्षा के लिए किया जाता है

एक चेहरा

बी] आंखें

सी] कान

डी] हाथ

7] एबीसी का मतलब --------------

ए] स्वचालित श्वास नियंत्रण

बी] स्वचालित रक्त नियंत्रण

सी] वायुमार्गश्वासपरिसंचरण

डी] स्वचालित रक्त परिसंचरण

8] आग और आग बुझाने वाले

fire extingusher

Fire Extingusher

अग्निशामक: आग

9] "क्लास बी" की आग को बुझाने के लिए किस प्रकार के अग्निशामक यंत्र का उपयोग किया जाता है ....

ए] शुष्कशक्ति

बी] कार्बन डाइऑक्साइड

सी] पानी की जेट

डी] फोम प्रकार

10] सामान्य आग को बुझाने के लिए किस प्रकार के अग्निशामक यंत्र का उपयोग किया जाता है?

ए] जलप्रकारबुझानेवाला

बी] फोम प्रकार बुझाने वाला

सी] शुष्क रासायनिक पाउडर एक्सटिंगुइशर

डी] कार्बन डाइऑक्साइड (C02] बुझाने वाला)

11] खून बहने की स्थिति में उपचार करें

डी] ठंडा 3" और आराम

ए] ठंडेपानीकाछिड़कावकरें

बी] तुरंत पट्टी -----।

बी] दुर्घटना विचार उपचार के बारे में पूछताछ

safety   workshop safety

12] दुर्घटना की स्थिति में पीड़ित को

ए] आराम करने के लिए कहा

सी] तुरंतभागलिया

डी] उसे छोड़ दो

13] प्राथमिक उपचार किसी घायल या बीमार व्यक्ति को प्राथमिक रूप से दिया जाता है....

ए] जीवन बचाओ

बी] मफ की और गिरावट को रोकें

सी] सर्वोत्तम संभव आराम दें

डी] येसभी

14] बेकार कागज को अलग करने के लिए डिब्बे का रंग कोड है -----

ए] नीलारंग

बी] पीला रंग

सी] लाल रंग

डी] हरा रंग

15] जापानी में Seiko का अर्थ -------------- होता है

ए] शाइन

बी] क्रमबद्ध करें

सी] मानकीकरण

डी] सस्टेनेबल

16] एसएस प्रणाली का लाभ है ------

ए] उत्पादकता में वृद्धि

बी] गुणवत्ता में वृद्धि

सी] समय की बर्बादी में कमी

डी] येसभी

17] सुरक्षा है -----------

ए] किसी का व्यवसाय नहीं

बी] हरबॉडीबिजनेस

सी] कुछ निकायों का व्यवसाय

डी] संगठन व्यवसाय

18] सुरक्षा चिन्हों की बुनियादी श्रेणियों के लिए "निषेध" चिन्ह का अर्थ उपलब्ध है ----

ए] दिखाताहैकियहनहींकियाजानाचाहिए

बी] दिखाता है कि क्या किया जाना चाहिए

सी] खतरे या खतरे की चेतावनी देता है

डी] सुरक्षा प्रावधान की जानकारी देता है

18] एक माइक्रोमीटर (U) बराबर होता है...

ए] 0.1 मिमी

बी] 0.01 मिमी

सी] 0.001 मिमी

डी] 0.0001 मिमी

19] एक स्लॉट की चौड़ाई मापने के लिए कैलीपर है...

ए] अजीब पैर कैलिपर

बी] बाहरी कैलिपर

सी] जेनी कैलिपर

डी] कैलिपरकेअंदर

caliper   hand tools

कैलिपर

20] डिवाइडर का आकार ----------- द्वारा निर्दिष्ट किया जाता है

ए] पैरों की कुल लंबाई

बी] पूरी तरह से खुलने पर बिंदुओं के बीच की दूरी

सी] बिना बिंदुओं के पैरों की लंबाई

डी] धुरीऔरबिंदुकेबीचकीदूरी

21] डेटम किनारे के समानांतर समानांतर रेखाओं को चिहिनत करने के लिए इस्तेमाल किया जाने वाला उपकरण है -

ए] जेनीकैलिपर

बी] डिवाइडर

सी] बाहरी कैलिपर

डी] कैलिपर के अंदर

22] निम्नलिखित में से कौन सा एक अप्रत्यक्ष माप उपकरण है?

ए] बाहरीकैलिपर

बी] वर्नियर कैलिपर

सी] स्टील नियम

डी] बाहरी माइक्रोमीटर

23] पतली ट्यूबिंग काटने के लिए, हैक्सॉ ब्लेड की सबसे उपयुक्त पिच है...

ए] 1.8 मिमी

बी] 1.4 मिमी

सी] 1 मिमी

डी] 0.8 मिमी

24] ठोस पीतल काटने के लिए, हैक्सॉ ब्लेड की सबसे उपयुक्त पिच है...

ए] 1.8 मिमी

बी] 1.4 मिमी

सी] 1 मिमी

डी] 0.8 मिमी

hacksaw   Hacksaw Frame Blade

हक्सॉ फ्रेम

25] एक नया हैक्सॉ ब्लेड कुछ स्ट्रोक के बाद ढीला हो जाता है क्योंकि...

ए] ब्लेडकाखिंचाव

बी] विंग-अखरोट के धागे खराब हो रहे हैं

सी] ब्लेड की गलत पिच

डी] आरी के सेट का अनुचित चयन।

26] छोटे व्यास के पाइपों को काटते समय नियमित रूप से देखने और यह सुनिश्चित करने की सलाह दी जाती है कि...

ए] कट घुमावदार रेखा के साथ है

बी] <u>अधिकदेखादांतअनुबंधमेंहैं</u>

सी] काम ज़्यादा गरम नहीं है

डी] हैकसॉ का उचित संतुलन बनाए रखा जाता है

27] वाइस क्लैम्प का उपयोग किया जाता है ...

ए] कठोर जबड़े की रक्षा करें

बी] काम के टुकड़ों को सख्ती से जकड़ें

सी] <u>तैयारसतहोंकीरक्षाकरें</u>

डी] जंगम जबड़े को दाखिल होने से रोकें

28] अंकन के दौरान संदर्भ सतह द्वारा प्रदान की जाती है ...

ए] भूतल गेज

बी] वर्कपीस

सी] काम का चित्रण

डी] <u>तालिकाकीसतहकोचिह्नितकरना</u>

29] एक इंजीनियर के वाइस का आकार किसके द्वारा निर्दिष्ट किया जाता है...

ए] जंगम जबड़े की लंबाई

बी] <u>जबड़ेकीचौड़ाई</u>

सी] वाइस की ऊंचाई

D] जबड़ों का अधिकतम खुलना

30] यूनिवर्सल सरफेस गेज का वह भाग जो एक डेटम एज के साथ समानांतर रेखा खींचने में मदद करता है, वह है ..

ए] रॉकर आर्म

बी] सुखद

सी] ठीक समायोजन पेंच

डी] <u>गाइडपिन</u>

universal surface
gauge

Surface Gauge

यूनिवर्सल सरफेस गेज

31] स्क्राइबर किससे बने होते हैं...

ए] माइल्ड स्टील

बी] <u>उच्चकार्बनस्टील</u>

सी] पीतल

डी] कच्चा लोहा

32] हथौड़े के हैंडल को ठीक करने के लिए इस्तेमाल किया जाने वाला हिस्सा है...

एक चेहरा

बी] पीन

सी] गाल

डी] <u>आँखकाछेद</u>

33] अंकन के उद्देश्य के लिए हथौड़े का वजन है...

ए] <u>250g</u>

बी] 500g

सी] 1 किलो

डी] 2 किग्रा

hammer   Hammers

हथौड़ा

34] डिवाइडर का आकार किसके द्वारा निर्दिष्ट किया जाता है...

ए] पैरों की कुल लंबाई

बी] पूरी तरह से खुलने पर बिंदुओं के बीच की दूरी

सी] बिंदुओं के बिना पैरों की लंबाई

डी] धुरीऔरबिंदुकेबीचकीदूरी

35] 'वी' ब्लॉक के खांचे का सम्मिलित कोण हमेशा होता है....

ए] 45◦

बी] 60◦

सी] 90◦

डी] 120◦

36] 'वी' ब्लॉक ग्रेड में उपलब्ध हैं ...

ए] एऔरबी

बी] ए, बी और सी

सी] 1,2 और 3

डी] 1 और 2

37] ग्रेड 'बी' के 'वी' ब्लॉक के बने होते हैं

ए] कच्चालोहा

बी] हल्के स्टील

सी] स्टील

डी] कास्ट स्टील

38] केंद्र का पता लगाने के लिए इस्तेमाल किए जाने वाले पंच का नाम बताइए।

A] प्रिक पंच 30°

B] प्रिक पंच 60°

सी] केंद्रपंच

डी] डॉट पंच

Centre punch 1

Punches

केंद्र पंच

39] सेंटर पंच का पॉइंट एंगल -------- होता है

ए] 30 डिग्री

बी] 50 डिग्री

<u>सी] 900</u>

डी] 1200

40] पंचों का उपयोग किसी भी आकार के ---------- बनाने के लिए किया जाता है

<u>ए] छेद</u>

बी] खनन

सी] नूरलिंग

सपना देखना

41] आम तौर पर वाइस के हैंडल की लंबाई ---------- होती है

ए] वाइस के सामान्य आकार का 1.5 गुना

<u>बी] वाइसकेसामान्यआकारका 2.5 गुना</u>

सी] वाइस के सामान्य आकार का 3.5 गुना

डी] वाइस के सामान्य आकार का 4.5 गुना

bench vice

Bench Vice

बेंच वाइस

42] बेंच वाइस स्पिंडल .... का बना होता है।

ए] माइल्डस्टील

बी] कच्चा लोहा

सी] टूल स्टील

डी] कांस्य

43] फाइलों की उत्तलता मदद करती है...

ए] अवतल सतहों को फाइल करने के लिए

बी] उत्तल सतहों को फाइल करने के लिए

सी] कामकेकिनारोंकोगोलकरनेसेरोकनेकेलिए

D] दबाव डालने पर फाइल सीधी हो जाती है

files 1   Files

फ़ाइलें

44] लकड़ी, चमड़ा और अन्य नरम सामग्री भरने के लिए किस फाइल का उपयोग किया जाता है? .

ए] सिंगल कट फाइल

बी] डबल कट फ़ाइल

सी] रास्पकटफ़ाइल

डी] घुमावदार कट फ़ाइल

45] प्रयुक्त फाइल का प्रयोग ------------ के लिए किया जाता है

ए] काम के टुकड़े की सफाई

सी] फ़ाइल दांतों का नवीनीकरण

बी] फाइलदांतोंकीसफाई

डी] चिप्स की सफाई

46] फाइल कार्ड का उपयोग -------- के लिए किया जाता है

ए] काम के टुकड़े को साफ करें

सी] फ़ाइल दांत नवीनीकृत करें

बी] फाइलदांतसाफकरें

47] स्क्राइबर का बिंदु कोण ----------- है

ए] 30 डिग्री

बी] 60 डिग्री

सी] 5° से 10°

<u>डी] 12° से 15°</u>

48] कच्चा लोहा काटने के लिए काटने का कोण है...

ए] 37.5०

बी] 55०

सी] <u>60०</u>

डी] 90०

chisel   hand tools

49] छेनी सामग्री में खोदेगी जब...

ए] रेक कोण अधिक है

बी] निकासी कोण बहुत कम है

सी] <u>झुकावकाकोणअधिकहै</u>

डी] झुकाव का कोण बहुत कम है

50] अत्याधुनिक को थोड़ा उत्तलता दी जाती है...

ए] घुमावदार सतहों को काटें

बी] तेज कोनों को काटें

सी] <u>सिरोंकीखुदाईरोकें</u>

डी] स्नेहक को प्रवेश करने दें

51] सरफेस प्लेट्स किससे बनी होती हैं...

ए] उच्च ग्रेड कास्ट स्टील

बी] <u>महीनदानेवालाकच्चालोहा</u>

सी] मिश्र धातु स्टील्स

डी] गढ़ा लोहा

Surface plates   hand tools

52] सतह की प्लेटें उनकी लंबाई और चौड़ाई से निर्दिष्ट होती हैं और में होती हैं
ए] डेसीमीटर
बी] घन मीटर
सी] बेलनाकार
53] एंगल प्लेट के बिना मशीनी हिस्से पर पसलियों को दिया जाता है...
ए] आसान हैंडलिंग
बी] निर्माण में सुविधा
सी] मशीनों पर सेट करते समय क्लैंपिंग
डी] कठोरताऔरविरूपणकोरोकनेकेलिए
54] एंगल प्लेट पर स्लॉट किसके लिए दिए गए हैं...
ए] वजन कम करना
बी] काम को संरेखित करना
सी] हुक का उपयोग करके उठाना
डी] समायोजितबोल्ट।
55] कोण प्लेटों के आकार द्वारा कहा गया है...
भार
बी] लंबाई
सी] लंबाई x चौड़ाई
डी] आकारसंख्या
56] हाई स्पीड पार्टिंग ऑफ के लिए सीमेंटेड कार्बाइड जैसी सामग्री पर काम है‘
ए] सभी मशीन करो
बी] मशीन काटना
सी] हेवीइ्यूटीपावरदेखा
डी] खनन मशीन बैठे देखा
57] गन मेटल तांबे की मिश्रधातु है, ------------
ए] टिनऔरजस्ता
बी] सीसा और जस्ता
सी] जिंक और निकल
डी] सीसा और निकल

58] ढलवां लोहे का उपयोग मशीन बेड के निर्माण के लिए किया जाता है क्योंकि -------

ए] यहअधिकसंपीड्नतनावकाविरोधकरसकताहै

बी] यह वजन में भारी है

C] यह सस्ती धातु है

D] यह एक भंगुर धातु है

59] माइक्रोमेट्रिक के बाहर एक मीट्रिक की शुद्धता या न्यूनतम गणना --------- होती है

ए] 0-1 मिमी

बी] 0.01 मिमी

सी] 0.001 मिमी

डी] 0.02 मिमी

micrometer   Out Side Micrometer

60] 1000 माइक्रोन का अर्थ है -----

ए] 1 मिमी

बी] 1 एम

सी] 1000 मिमी

डी] 10 सेमी

61] एक मीट्रिक माइक्रोमीटर में, थिम्बल अग्रिमों की एक पूर्ण क्रांति ------------

ए] 0.01 मिमी

बी] 0.25 मिमी

सी] 0.50 मिमी

डी] 1.00 मिमी

micrometer2   Out Side Micrometer

माइक्रोमीटर

62] माइक्रोमीटर में शाफ़्ट स्टॉप ------------- में मदद करता है

ए] दबावकोनियंत्रितकरें

बी] स्पिंडल को लॉक करें

सी] शून्य त्रुटि समायोजित करें

डी] काम के टुकड़े को पकड़ो

63] 1000 माइक्रोन का मतलब -------------

ए] 1 मिमी

बी] 1 एम

सी] 1000 मिमी

डी] 10 सेमी

64] माइक्रोमीटर के बाहर 50-75 मिमी की शून्य रीडिंग क्या है?

ए] 0.000 मिमी

बी] 0.01 मिमी

सी] 25.00 मिमी

डी] 50.00 मिमी

65] माइक्रोमीटर के बाहर एक मीट्रिक की आस्तीन पर सबसे छोटे विभाजन का मान है

ए] 0.50 मिमी

बी] 1.00 मिमी

सी] 1.50 मिमी

डी] 2.00 मिमी

66] माइक्रोमीटर में शाफ़्ट स्टॉप --------- में मदद करता है

ए] दबावकोनियंत्रितकरें

बी] स्पिंडल को लॉक करें

सी] शून्य त्रुटि समायोजित करें

डी] काम के टुकड़े को पकड़ो

67] गहराई माइक्रोमीटर की न्यूनतम संख्या है

ए] 0.5 मिमी

बी] 0.2 मिमी

सी] 0.001 मिमी

डी] 0.01 मिमी

Depth micrometer 1   Depth Micrometer

गहराई माइक्रोमीटर

68] वर्नियर कैलिपर की अल्पतम संख्या है (मुख्य पैमाना = 49 डिवीजन, वर्नियर स्केल = 50 डिवीजन]

ए] 0.1 मिमी

बी] 0.01 मिमी

सी] 0.001 मिमी

डी] 0.02 मिमी

vernier calliper 1   Vernier Caliper 1

वर्नियर कैलिपर

69] वर्नियर कैलिपर का उपयोग करके किए गए माप का प्रकार है------

ए] प्रत्यक्ष माप

बी] अप्रत्यक्षमाप

सी] 90"] (ए) 81 (बी]

डी] इनमें से कोई नहीं

70] वर्नियर बेवल प्रोट्रैक्टर की न्यूनतम संख्या है...

ए] 1"

बी] 5'

सी] 1∘

डी] 5

71] वर्नियर बेवल प्रोट्रैक्टर का वह भाग जो आमतौर पर कोणों को मापने के लिए संदर्भ आधार के रूप में उपयोग किया जाता है, वह है...

एक ब्लेड

बी] स्टॉक

सी] डिस्क

सी] मुख्य पैमाने

vernier bevel protractor
3

Vernier Bevel
Protractor

वर्नियर बेवल प्रोट्रैक्टर

72] वर्नियर बेवल रक्षक का वह भाग जिस पर मुख्य पैमाने पर विभाजन अंकित होते हैं, वह है...

स्टॉक

बी] डायल

सी] डिस्क

डी] समायोज्य ब्लेड

73] बेवल प्रोट्रैक्टर का वह भाग, जो मापते समय झुकी हुई सतह के संपर्क में आता है, वह है...

ए] ब्लेड

बी] स्टॉक

सी] डिस्क

डी] डायल

74] वर्नियर बेवल प्रोट्रैक्टर के मुख्य पैमाने के प्रत्येक भाग का मान है...

ए] 5'

बी] 1॰

सी] 5॰

डी]10॰

75] बेवल प्रोट्रैक्टर के वर्नियर स्केल के प्रत्येक भाग का मान होता है...

ए] 1॰

बी] 1॰5'

सी] 1॰55'

डी] 5'

76] टेंपर शैंक ड्रिल मशीन पर किसके माध्यम से आयोजित की जाती है...

ए] चक्स

बी] आस्तीन

सी] बहाव

डी] वाइस

taper shank drills

drilling
machine

77] ड्रिल चक को ड्रिलिंग मशीन स्पिंडल पर किस माध्यम से फिट किया जाता है...

ए] घुमावदार अंगूठी

बी] आर्बोर

सी] बहाव

डी] पिनियन और कुंजी

78] अभ्यास पर प्रदान किया गया मोर्स टेपर के बीच...

ए] एमटी 1 सेएमटी 5

बी] मीट्रिक टन 1 से मीट्रिक टन 4

सी] एमटी 0 से एमटी 5

डी] एमटी 0 से एमटी 4

79] एक बहाव के लिए प्रयोग किया जाता है ...

ए] एक ड्रिल स्थान बनाना

बी] मशीन स्पिंडल पर चक फिक्सिंग

C] टूटी हुई ड्रिल को काम से हटाना

डी] मशीनस्पिंडलसेड्रिलकोहटाना

80] जब ड्रिल का टेंपर शैंक मशीन स्पिंडल से बड़ा होता है, तो ड्रिल को होल्ड करने का उपकरण एक...

ए] ड्रिल आस्तीन

बी] टेपरसॉकेट

सी] ड्रिल बहाव

डी] चक और कुंजी

81] ड्रिलिंग मशीन में माइल्ड स्टील की ड्रिलिंग के लिए उपयुक्त कटिंग फ्लुइड है...

ए] सिंथेटिक घुलनशील तेल

बी] साफ तेल

सी] आसुत जल

डी] घुलनशीलतेल

82] रेडियल ड्रिलिंग मशीन की एक विशेष विशेषता है...

ए] इसका उपयोग एचएसएस ड्रिल के साथ ड्रिलिंग के लिए किया जा सकता है

बी] तालिका को किसी भी स्थिति में स्थानांतरित और सेट किया जा सकता है

सी] विभिन्न प्रकार की गति उपलब्ध है

डी] धुरीकोकिसीभीस्थितिमेंलायाजासकताहै

piller

drilling machine   drilling-machine-spindle

83] अभ्यास का बिंदु कोण निर्भर करता है...

ए] ड्रिल का आकार

बी] मशीन का प्रकार

सी] कामकीसामग्री

डी] ड्रिल का आरपीएम

84] एक मानक ड्रिल के लिए बिंदु कोण है...

ए] 60∘

बी] 108∘

सी] 118∘

डी] 135०

85] पेचदार कोण निर्धारित करता है...

ए] कटिंग एंगल

बी] कोण चबाना

सी] <u>रेककोण</u>

डी] होंठ कोण

86] ड्रिल का निकासी कोण किसके बीच है...

ए] 3० से 5०

बी] <u>8० से 12०</u>

सी] 12० से 20०

डी] 15० से 20०

87] एक दूरस्थ स्थान में (बिजली उपलब्ध नहीं है) एक रेल ट्रैक को ड्रिल किया जाना है। सही ड्रिलिंग मशीन चुनें

ए] रेडियल ड्रिलिंग मशीन

बी] स्तंभ ड्रिलिंग मशीन

सी] <u>शाफ़्टड्रिलिंगमशीन</u>

डी] संवेदनशील ड्रिलिंग मशीन

drilling   drilling machine

ड्रिलिंग

88] एक बढ़ई द्वारा कैबिनेट बनाने के लिए इस्तेमाल की जाने वाली ड्रिलिंग मशीन एक...

ए] शाफ़्ट ड्रिलिंग मशीन

बी] रेडियल ड्रिलिंग मशीन

सी] <u>ब्रेस्टड्रिलिंगमशीन</u>

डी] संवेदनशील ड्रिलिंग मशीन

89] निम्नलिखित में से कौन सी ड्रिलिंग मशीन का उपयोग ड्रिलिंग छेद के लिए किया जाता है जहां बिजली उपलब्ध नहीं होती है?

ए] बेंच ड्रिलिंग मशीन

बी] स्तंभ ड्रिलिंग मशीन

सी] रीडायल ड्रिलिंग मशीन

डी] शाफ़्टड्रिलिंगमशीन

90] निम्नलिखित में से किस ड्रिलिंग मशीन का उपयोग भारी काम के लिए किया जाता है?

ए] बेंच ड्रिलिंग मशीन

बी] स्तंभ ड्रिलिंग मशीन

सी] रेडियलड्रिलिंगमशीन

डी] इलेक्ट्रिक हैंड ड्रिलिंग मशीन

91] ड्रिल चक को मशीन स्पिंडल पर किस माध्यम से रखा जाता है?

ए] आर्बर

बी] बहाव

सी] ड्रा-इन बार

डी] चक अखरोट

92] एक संवेदनशील बेंच ड्रिलिंग मशीन में विभिन्न गतियां प्राप्त की जाती हैं ----

ए] बेल्टचरखीतंत्र

बी] हाइड्रोलिक तंत्र

सी] रैक और पिनियन तंत्र

डी] कैम और अनुयायी तंत्र

176] 50 मीट्रिक मोटे धागे को M12 x 125 के रूप में नामित किया गया है '12' क्या दर्शाता है?

ए] प्रमुखव्यास

बी] रूट व्यास

सी] पिच व्यास

डी] खाली व्यास

179] आसन्न धागे के दोनों किनारों को मिलाने वाली शीर्ष सतह को कहा जाता है

ए] क्रेस्ट

बी] रूट

सी] फ्लैंक

D] थ्रेड एंगल है

thread2   screw threads

• 39 •

धागा

180] आईएसओ मीट्रिक थ्रेड का सम्मिलित कोण है --------

ए] 27 1/2°

बी] 30 डिग्री

सी] 55 डिग्री

डी] 60 डिग्री

181] निम्नलिखित में से किस स्क्रू थ्रेड फॉर्म में धागों के किनारों के बीच 55° का सम्मिलित कोण होता है?

ए] बीएथ्रेड

बी] एक्मे धागा

सी] बट्रेस धागे

डी] अंगुली धागा

182] निम्नलिखित में से किसका उपयोग केवल धागे के सही रूप को खत्म करने और बनाए रखने के लिए किया जाता है?

नल

बी] थ्रेडिंग टूल

सी] थ्रेडिंग चेज़र

डी] इतला दे दी उपकरण

1 83] कोण 0f lS धागा (V आकार का) ---------- है

ए] 29 डिग्री

बी] 47 1/4°

सी] 50 डिग्री

डी] 60

184] निम्नलिखित में से किस विधि से केवल बाहरी धागे बनाए जाते हैं -------

ए] फॉर्म टूल mEthOd

बी] यौगिक आराम विधि

सी] टेलस्टॉकऑफसेटविधि

डी] टेपर टर्निंग अटैचमेंट विधि।

185] शिखा और धागे की जड़ को मिलाने वाली सतह को ---- के रूप में जाना जाता है

ए] फ्लैंक

बी] शंकु

सी] पिच सतह

डी] ये सभी

186] एक दो प्रारंभ धागे की पिच 4 मिमी है। फिर धागे का नेतृत्व ----- द्वारा दिया जाता है

ए] 4 मिमी

बी] 2 मिमी

सी] 8 मिमी

डी] 6 मिमी

188] एक डाई जिसमें एक स्ट्रोक में एक से अधिक कटिंग ऑपरेशन बनते हैं

ए] पियर्सिंग डाई

बी] प्रोग्रेसिव डाई

C] कॉम्बिनेशन डाई

डी] कंपाउंड डाई

189] एक डाई जिसमें प्रति स्ट्रोक कटिंग और नॉन कटिंग ऑपरेशन किए जाते हैं।

ए] पियर्सिंग डाई

बी] प्रोग्रेसिव डाई

C] कॉम्बिनेशन डाई

डी] कंपाउंड डाई

tap and die1   Tap Die

मरो टैप करें

190] एक डाई जिसमें दो या दो से अधिक स्टेशनों पर दो या दो से अधिक अनुक्रमिक संचालन काम पर किए जाते हैं।

ए] पियर्सिंग डाई

बी] प्रोग्रेसिव डाई

C] कॉम्बिनेशन डाई

डी] कंपाउंड डाई

191] एक डाई जिसमें पंच और डाई का आकार सीधे धातु में कम या बिना धातु प्रवाह के पुनः उत्पन्न होता है।

ए] प्रोग्रेसिव डाई

बी] संयोजन मरो

C] कंपाउंड डाई

डी] <u>मरने का गठन</u>

192] किसी भी आकार के छेद बनाने के लिए इस्तेमाल की जाने वाली डाई।

ए] <u>पियर्सिंग डाई</u>

बी] प्रोग्रेसिव डाई

C] कॉम्बिनेशन डाई

डी] कंपाउंड डाई

193] अपघर्षक .... में वर्गीकरण हैं।

<u>ए] दोप्रकार</u>

बी] तीन प्रकार

ग] एक प्रकार

डी] चार प्रकार

194] घर्षण से बने ग्राइंडिंग व्हील्स अपने फ्री और कूल कटिंग एक्शन के कारण सबसे आम हैं।

<u>ए] एल्यूमिनियमऑक्साइड</u>

बी] सिलिकॉन ऑक्साइड

सी] अमोनियम ऑक्साइड

डी] कार्बाइड।

195] निम्नलिखित में से किस अपघर्षक का उपयोग ज्यादातर गैर-धातु सामग्री को काटने के लिए पहियों को काटने के लिए किया जाता है?

ए] एल्यूमिनियम ऑक्साइड

<u>बी] सिलिकॉनकार्बाइड</u>

सी] हीरा

डी] उपरोक्त में से कोई नहीं

196] टंगस्टन कार्बाइड उपकरण डालने को पीसने के लिए किस अपघर्षक कण का उपयोग किया जाता है?

<u>ए] सिलिकॉनकार्बाइड</u>

बी] ए|203

सी] हीरा

डी] कोरन्डम

197] निम्नलिखित में से कौन सा प्राकृतिक अपघर्षक है?

ए] एल्यूमिनियम ऑक्साइड

बी] सिलिकॉन

सी] बोरॉन कार्बाइड

डी] कोरन्डम

198] निम्नलिखित में से कौन सा निर्मित अपघर्षक है?

ए] कोरन्डम।

बी] क्वार्ट्ज

सी] सिलिकॉन

डी] एमरी

199] स्टील फिटिंग को पीसने के लिए किस अपघर्षक कण का उपयोग किया जाता है?

ए] सिलिकॉन कार्बाइड

बी] एल्यूमिनियमऑक्साइड

सी] हीरा।

डी] बोरॉन ऑक्साइड

200] कंक्रीट के पत्थर और चिनाई को काटने के लिए किस तरह के अपघर्षक कट ऑफ व्हील का उपयोग किया जाना चाहिए?

ए] सिलिकॉन

बी] अल 203

सी] डायमंडग्रिट

डी] ग्लास

201] एल्युमिनियम ऑक्साइड व्हील पीसने के लिए प्रयोग किया जाता है -----------

ए] कच्चा लोहा

बी] सीमेंटेड कार्बाइड।

सी] एचएसएस '

डी] सिरेमिक

202] इत्ला दे दी गई औज़ार की ऑफहैंड ग्राइंडिंग के लिए उपयुक्त हीरे के पहिये का बंधन ....

ए] रेजिनोइड

बी] विट्रिफाइड

सी] शैलैक

डी] धातु

Grinding wheels 1   bench grinder-wheel

पीसने का चक्का

203] निम्नलिखित में से कौन सा बांड आमतौर पर प्रयोग किया जाता है?

ए] विट्रिफाइडबॉन्ड '

बी] रबड़ बंधन

सी] शैलैक बंधन

डी] सिलिकेट बंधन

204] रेजिनोइड .बॉन्ड के लिए पारंपरिक रूप से इस्तेमाल किया जाने वाला प्रतीक ~~~~~~~ . है

ए] वी

बी] आर एफ

सी] बी

डे

205] ग्राइंडिंग प्रैक्टिस में "ग्रेड ऑफ व्हील" शब्द का अर्थ ------------- है।

ए] इस्तेमाल किए गए अपघर्षक की कठोरता

बी] पहियाकेबंधनकीताकत

सी] व्हील 0 एफ समाप्त करें

डी] काम के टुकड़ों की कठोरता

206] पहियों को काटने में किस बंधन का प्रयोग किया जाता है?

एक रबर

बी] विट्रिफाइड

सी] रेसिरजॉइड

डी] शैलैक

207] ग्राइंडिंग व्हील की कठोरता _________ द्वारा निर्धारित की जाती है

ए] प्रतिरोधकिया।तनावपीसनेकेखिलाफबंधनद्वारा

बी] घर्षण अनाज की कठोरता

सी] बंधन की कठोरता

डी] प्रवेश करने की क्षमता

208] जब ग्राइंडिंग व्हील को बहुत तेज गति से सुरक्षित रूप से चलाने की आवश्यकता होती है, तो किस बंधन का उपयोग किया जाना चाहिए? "

ए] विट्रिफाइड

बी] शैलैक

सी] सिलिकेट

डी] रेजिनॉयड‘ औररबर

209] सतह पीसने में सामान्य प्रयोजन सतह पीसने के लिए पीसने वाले पहिये के अनाज के आकार की उपयुक्त सीमा क्या है?

ए] 20 से 36

बी] 46 से 60

सी] 80 से 120

डी] 150 से 300

210] भारतीय मानक के अनुसार, अनाज ’46‘। "w" के समूह के अंतर्गत आता है। -----

ए] मोटे

बी] मध्यम

सी] ठीक

डी] बहुत बढ़िया

211] ग्राइंडिंग व्हील में प्रयुक्त अपघर्षक का ग्रिट आकार आमतौर पर ---------- द्वारा निर्दिष्ट किया जाता है

ए] कठोरता संख्या

बी] पहिया का आकार

सी] घर्षण की कोमलता या कठोरता

डी] मेषसंख्या

212] बेंच ग्राइंडर का उपयोग .... के लिए किया जाता है।

ए] हैवी ड्यूटी वर्क

बी] भारी और हल्का कर्तव्य कार्य

सी] लाइटड्यूटीवर्क

डी] झाग का काम

213] बेंच ग्राइंडर एक .... पर लगे होते हैं।

ए] बेस

बी] टेबल।

सी] व्हील गार्ड

डी] कन्वेयर

214] निम्नलिखित में से कौन सा कथन सही है?'

ए] गेजकाउपयोगआकारकीजांचकेलिएकियाजाताहै

बी] टेम्पलेट का उपयोग आकार को चकनाचूर करने के लिए किया जाता है

सी] गेज का उपयोग आकार मापने के लिए किया जाता है

डी] गेज का उपयोग घटक के आकार की जांच के लिए किया जाता है

215] सेक्शन में गेज को किस मानक तापमान पर रखा जाता है?

ए] 100 सी

बी] 20 डिग्रीसेल्सियस

सी] 100 एफ

डी] 20 डिग्री फारेनहाइट

216] वर्कशॉप में आमतौर पर किस ग्रेड के स्लिप गेज का इस्तेमाल किया जाता है?

ए] ग्रेड 0

बी] ग्रेड एल

सी] ग्रेड एच

डी] ग्रेड 0

slip gauge 1   Slip Gauge

स्लिप गेज

217] भारतीय मानकों के अनुसार एक विशेष सेट गेज का उपयोग किया जाता है जिसमें

ए] 81 टुकड़े

बी] 112 टुकड़े

सी] 120 टुकड़े

डी] 130 टुकड़े

218] संदर्भ गेज की सटीकता है

ए] 0.05 मिमी

बी] 0.01 मिमी

सी] 0.001।

डी] 0.0001 मिमी

219] स्लिप गेज पर चींटी की गड़गड़ाहट के मामले में, इसे हटा दिया जाना चाहिए

ए] भरना

बी] लैपिंग

सी] स्क्रैपिंग

डी] पीस

220] स्लिप गेज की कठोरता कितनी होनी चाहिए?

ए] 63 सेअधिकएचआरसी

बी] 58 एचआरसी

सी] 55 एचआरसी

डी] 50 एचआरसी

221]-------------- स्लिप गेज का उपयोग 0.01 मिमी की सटीकता के भीतर घटक की जाँच के लिए किया जाता है।

ए] कार्यशालागेज

बी] निरीक्षण गेज

सी] संदर्भ गेज

डी] रिंग गेज

222], ------------ का उपयोग सटीक उपकरण की सटीकता की जांच के लिए किया जाता है।

ए] गेजब्लॉक

बी] फादर गेज

सी] साइन बार

डी] प्लग गेज

223] सटीकता सुनिश्चित करने के लिए उपयोग करने से पहले स्लिप गेज को साफ किया जाता है। इसके लिए आप किस माध्यम का प्रयोग करेंगे।

ए] तेल

बी] पतला

सी] कार्बनटेट्राक्लोराइड / सफेदपेट्रोल

डी] तारपीन का तेल

प्रश्न 18. पीवीसी प्लग का उपयोग __________ के लिए किया जाता है।

ए)। अलग-अलग व्यास के पाइप कनेक्ट करें

बी)। दो पाइप लाइन कनेक्ट करें

सी)। छोटे व्यास के सील पाइप

डी)। पाइपलाइनकेसीलसिरों

Q 19. कौन सी पाइप फिटिंग दो पाइपों की सामग्री को एक साथ एक पाइप में प्रवाहित करने की अनुमति देती है?

ए)। पार्श्व

बी)। पार

सी)। कोहनी

डी)। वापसी मोड़

Q 20. ट्यूब झुकने के लिए विधि का चुनाव __________ पर निर्भर करता है।

ए)। ट्यूब का व्यास

बी)। ट्यूबकीदीवारमोटाई

सी)। न्यूनतम मोड़ त्रिज्या आवश्यक

डी)। ये सभी

प्रश्न 21. नीचे दी गई आकृति में दिखाए गए ट्यूब झुकने की विधि क्या है?

ए) रोटरी ड्रा झुकने

बी) रामझुकना

सी) संपीड़न झुकने

डी) रोल झुकने

प्रश्न 22. इनमें से कौन सा कथन सत्य नहीं है?

ए)। सीवर पाइप में उपयुक्त अंतराल पर मैनहोल प्रदान किए जाते हैं

बी.. जलनिकासीनिर्वहनकेलिएसीवरोंमेंकैचबेसिनआमतौरपरप्रदानकिएजातेहैं

सी)। आम तौर पर सभी सीवरों में इनलेट उपलब्ध कराए जाते हैं

डी)। इनमें से कोई नहीं

Q 23. एस्बेस्टस सीमेंट पाइप आमतौर पर ____________ बिछाए जाते हैं।

ए)। क्षैतिज

बी)। लंबवत

सी)। 30 डिग्री . के कोण पर

डी)। 60 डिग्री . के कोण पर

Q 24. __________ को हटाने के लिए पानी का क्लोरीनीकरण किया जाता है।

ए)। जीवाणुओं

बी)। प्रसुप्तठोसवस्तु

सी)। अवसादों

डी)। कठोरता

Q 25. सीवेज से ग्रीस और तेल को हटाने को _________ कहा जाता है।

ए)। स्क्रीनिंग

बी)। छनन

सी)। स्किमिंग

डी)। दरकिनार

1. शक्ति का SI मात्रक है

(ए) हेनरी

(बी) कूलम्ब

(सी) <u>वाट</u>

(डी) वाट-घंटा

2. विद्युत दाब को भी कहते हैं

(ए) प्रतिरोध

(बी) शक्ति

(सी) <u>वोल्टेज</u>

(डी) ऊर्जा

3. वे पदार्थ जिनमें बड़ी संख्या में मुक्त इलेक्ट्रॉन होते हैं और कम प्रदान करते हैं प्रतिरोध कहा जाता है

(ए) इन्सुलेटर

(बी) प्रेरक

(सी) अर्ध-चालक

(डी) <u>कंडक्टर</u>

4. निम्नलिखित में से कौन खराब कंडक्टर नहीं है?

(ए) कच्चा लोहा

(बी) <u>कॉपर</u>

(सी) कार्बन

(डी) टंगस्टन

5. निम्नलिखित में से कौन एक इन्सुलेट सामग्री है?

(ए) कॉपर

(बी) सोना

(सी) चांदी

(डी) <u>पेपर</u>

6. किसी चालक का वह गुण जिसके कारण वह धारा प्रवाहित करता है, कहलाता है

(ए) प्रतिरोध

(बी) अनिच्छा

(सी) <u>चालन</u>

(डी) अधिष्ठापन

7. चालकता का पारस्परिक है

(ए) <u>प्रतिरोध</u>

(बी) अधिष्ठापन

(सी) अनिच्छा

(डी) समाई

8. किसी चालक का प्रतिरोध व्युत्क्रमानुपाती होता है:

(ए) लंबाई

(बी) <u>क्रॉस-सेक्शनकाक्षेत्र</u>

(सी) तापमान

(डी) प्रतिरोधकता

9. तापमान में वृद्धि के साथ शुद्ध धातुओं का प्रतिरोध

(ए) <u>बढ़ताहै</u>

(बी) घटता है

(सी) पहले बढ़ता है और फिर घटता है

(डी) स्थिर रहता है

10. तापमान में वृद्धि के साथ अर्धचालकों का प्रतिरोध

(ए) <u>घटताहै</u>

(बी) बढ़ता है

(सी) पहले बढ़ता है और फिर घटता है

(डी) स्थिर रहता है

11. 200 मीटर लंबे तांबे के तार का प्रतिरोध 21 है। यदि इसकी मोटाई (व्यास)

0.44 मिमी है, इसका विशिष्ट प्रतिरोध लगभग है

(ए) 1.2 x 10 ~ 8 क्यूएम

(बी) 1.4 x 10 ~ 8 क्यूएम

(सी) <u>1.6 x 10""8 क्यूएम</u>

(डी) 1.8 x 10"8 क्यूएम

13. विद्युत धारा का पता लगाने वाले उपकरण को कहा जाता है

(ए) वाल्टमीटर

(बी) रिओस्तात

(सी) वाटमीटर

(डी) <u>गैल्वेनोमीटर</u>

14. एक परिपथ में एक 33 Q रोकनेवाला 2 A की धारा वहन करता है। प्रतिरोधक के आर-पार वोल्टेज है

(ए) 33 वी

(बी) <u>66 वी</u>

(सी) 80 वी

(डी) 132 वी

15. एक प्रकाश बल्ब 300 mA खींचता है जब उसके आर-पार वोल्टेज 240 V होता है। प्रकाश बल्ब का प्रतिरोध होता है

(ए) 400 क्यू

(बी) 600 क्यू

(सी) 800 क्यू

(डी) 1000 क्यू

16. दो शाखाओं वाले समानांतर परिपथ का प्रतिरोध 12 ओम है। यदि एक शाखा का प्रतिरोध 18 ओम है, तो दूसरी शाखा का प्रतिरोध क्या है?

(ए) 18 क्यू

(बी) 36 क्यू

(सी) 48 क्यू

(डी) 64 क्यू

17. समान सामग्री के चार तार, समान अनुप्रस्थ काट का क्षेत्रफल और समान लंबाई के समानांतर में जुड़े होने पर 0.25 Q का प्रतिरोध देते हैं। यदि समान चार तारों को श्रृंखला में जोड़ा जाता है तो प्रभावी प्रतिरोध होगा

(ए) 1 क्यू

(बी) 2 क्यू

(सी) 3 क्यू

(डी) 4 क्यू

18. 16 एम्पियर की धारा दो शाखाओं के बीच क्रमशः 8 ओम और 12 ओम प्रतिरोधों के समानांतर विभाजित होती है। प्रत्येक शाखा में करंट है

(ए) 6.4 ए, 6.9 ए

(बी) 6.4 ए, 9.6 ए

(सी) 4.6 ए, 6.9 ए

(डी) 4.6 ए, 9.6 ए

19. तांबे के कंडक्टर के माध्यम से वर्तमान वेग है

(ए) विद्युत ऊर्जा के प्रसार वेग के समान

(बी) वर्तमान ताकत से स्वतंत्र

(सी) कुछ ^.s/m . केक्रमके

(डी) लगभग 3 x 108 मी/से

20. निम्नलिखित में से किस सामग्री में प्रतिरोध का लगभग शून्य तापमान गुणांक है?

(ए) मैंगनीन

(बी) चीनी मिट्टी के बरतन

(सी) कार्बन

(डी) कॉपर

21. आपको रेडियो में 1500 क्यू रेसिस्टर को बदलना होगा। आपके पास 1500 क्यू रोकनेवाला नहीं है, लेकिन कई 1000 क्यू हैं जिन्हें आप कनेक्ट करेंगे

(ए) समानांतर में दो

(बी) <u>समानांतरमेंदोऔरश्रृंखलामेंएक</u>

(सी) समानांतर में तीन

(डी) श्रृंखला में तीन

22. दो प्रतिरोधकों को श्रेणीक्रम में संयोजित कहा जाता है, जब

(ए) <u>एकहीवर्तमानदोनोंकेमाध्यमसेबारी-बारीसेगुजरताहै</u>

(बी) दोनों वर्तमान का एक ही मूल्य ले जाते हैं

(सी) कुल धारा शाखा धाराओं के योग के बराबर होती है

(डी) आईआर बूंदों का योग लागू ईएमएफ के बराबर होता है

23. निम्नलिखित में से कौन सा कथन एक श्रृंखला और एक समानांतर डीसी सर्किट दोनों के लिए सही है?

(ए) तत्वों में अलग-अलग धाराएं होती हैं

(बी) धाराएं योगात्मक हैं

(सी) वोल्टेज योजक हैं

(डी) <u>पावरएडिटिवहैं</u>

24. निम्नलिखित में से किस सामग्री में प्रतिरोध का नकारात्मक तापमान गुणांक है?

(ए) कॉपर

(बी) एल्यूमिनियम

(सी) <u>कार्बन</u>

(डी) पीतल

25. ओम का नियम लागू नहीं होता

(ए) <u>वैक्यूमट्यूब</u>

(बी) कार्बन प्रतिरोधी

(सी) उच्च वोल्टेज सर्किट

(डी) कम वर्तमान घनत्व वाले सर्किट

26. बिजली का सबसे अच्छा कंडक्टर कौन सा है?

(ए) लोहा

(बी) <u>चांदी</u>

(सी) कॉपर

(डी) कार्बन

27. निम्नलिखित में से किसके लिए 'एम्पीयर सेकेंड' इकाई हो सकती है?

(ए) अनिच्छा

(बी) <u>चार्ज</u>

(सी) पावर

(डी) ऊर्जा

28. निम्नलिखित में से सभी वाट के तुल्य हैं सिवाय

(ए) (एम्पीयर) ओम

(बी) जूल/सेकंड।

(सी) एम्पीयर एक्स वोल्ट

(डी) <u>एम्पीयर / वोल्ट</u>

29. 10 ओम, 10 W रेटिंग वाले प्रतिरोध के a . होने की संभावना है

(ए) धातु प्रतिरोधी

(बी) कार्बन प्रतिरोधी

(सी) <u>तारघावप्रतिरोधी</u>

(डी) परिवर्तनीय प्रतिरोधी

30. निम्नलिखित में से किसमें ऋणात्मक ताप गुणांक नहीं है ?

(ए) <u>एल्यूमिनियम</u>

(बी) पेपर

(सी) रबड़

(डी) मीका

31. Varistors हैं

(ए) इन्सुलेटर

(6) <u>अरैखिकप्रतिरोधक</u>

(सी) कार्बन प्रतिरोधी

(डी) शून्य तापमान गुणांक वाले प्रतिरोधी

32. इन्सुलेट सामग्री का कार्य है

(ए) तारों के संचालन के बीच शॉर्ट सर्किट को रोकना

(बी) <u>वोल्टेजस्रोतऔरलोडकेबीचएकखुलेसर्किटकोरोकना</u>

(सी) बहुत बड़ी धाराओं का संचालन

(डी) बहुत अधिक धाराओं का भंडारण

33. फ्यूज तार की रेटिंग हमेशा व्यक्त की जाती है

(ए) एम्पीयर-घंटे

(बी) एम्पीयर-वोल्ट

(सी) केडब्ल्यूएच

(डी) <u>एम्पीयर</u>

34. एक आयन पर न्यूनतम आवेश होता है

(ए) परमाणु की परमाणु संख्या के बराबर

(बी) <u>एकइलेक्ट्रॉनकेप्रभारकेबराबर</u>

(c) एक परमाणु में इलेक्ट्रॉनों की संख्या के आवेश के बराबर (#) शून्य

35. असमान प्रतिरोध वाले श्रेणी परिपथ में

(ए) उच्चतम प्रतिरोध में इसके माध्यम से सबसे अधिक धारा होती है

(बी) सबसे कम प्रतिरोध में उच्चतम वोल्टेज ड्रॉप होता है

(सी) सबसे कम प्रतिरोध में उच्चतम वर्तमान है

(डी) <u>उच्चतमप्रतिरोधमेंउच्चतमवोल्टेजड्रॉपहोताहै</u>

36. बिजली के बल्ब का फिलामेंट बना होता है

(ए) कार्बन

(बी) एल्यूमीनियम

(सी) टंगस्टन

(डी) निकल

37. एक 3 क्यू रोकनेवाला जिसमें 2 ए करंट होता है, की शक्ति को समाप्त कर देगा

(ए) 2 वाट

(बी) 4 वाट

(सी) <u>6 वाट</u>

(डी) 8 वाट

38. निम्नलिखित में से कौन सा कथन सत्य है?

(ए) समानांतर में कम प्रतिरोध वाला गैल्वेनोमीटर एक वोल्टमीटर है

(बी) समानांतर में उच्च प्रतिरोध वाला गैल्वेनोमीटर एक वोल्टमीटर है

(सी) <u>श्रृंखलामेंएकगैल्वेनोमीटरप्रतिरोधनिम्नकेसाथएकएमीटरहै</u>

(डी) श्रृंखला में उच्च प्रतिरोध वाला गैल्वेनोमीटर एक एमीटर है

39. बंद विद्युत परिपथ में तार कंडक्टर के कुछ मीटर का प्रतिरोध है

(ए) <u>व्यावहारिकरूपसेशून्य</u>

(फुंक मारा

(सी) उच्च

(डी) बहुत अधिक

40. यदि मेन लाइन में एक समानांतर सर्किट खोला जाता है, तो करंट

(ए) सबसे कम प्रतिरोध की शाखा में बढ़ता है

(बी) प्रत्येक शाखा में बढ़ता है

(सी) सभीशाखाओंमेंशून्यहै

(डी) उच्चतम प्रतिरोधी शाखा में शून्य है

41. यदि 0.2 ओम प्रतिरोध वाले तार के चालक की लंबाई दोगुनी कर दी जाए, तो उसका प्रतिरोध हो जाता है

(ए) 0.4 ओम

(बी) 0.6 ओम

(सी) 0.8 ओम

(डी) 1.0 ओम

42. 60 वोल्ट की विद्युत लाइन के आर-पार तीन 60 वाट के बल्ब समानांतर में हैं। अगर एक बल्ब खुला जलता है

(ए) मुख्य लाइन में भारी धारा होगी

(बी) शेष दो बल्ब नहीं जलेंगे

(c) तीनों बल्ब जलेंगे

(डी) अन्यदोबल्बप्रकाशकरेंगे

43. 40 W के चार बल्ब श्रृंखला में जुड़े हुए हैं, उनके बीच एक बैटरी तेज है, निम्नलिखित में से कौन सा कथन सत्य है?

(ए) एक हीमेंप्रत्येकबल्बकेमाध्यमसेवर्तमान

(बी) प्रत्येक बल्ब में वोल्टेज समान नहीं है

(सी) प्रत्येक बल्ब में बिजली अपव्यय समान नहीं है

(डी) उपरोक्त में से कोई नहीं

44. दो प्रतिरोध Rl और Ri श्रृंखला में वोल्टेज स्रोत में जुड़े हुए हैं जहां Rl>Ri। सबसे बड़ी गिरावट पार होगी

(ए) आरएलई

(बी) री

(सी) या तो आरएल या री

(डी) उनमें से कोई नहीं

46. एक बंद स्विच में का प्रतिरोध होता है

(ए) शून्य

(बी) लगभग 50 ओम

(सी) लगभग 500 ओम

(डी) अनंत

47. बल्ब के फिलामेंट का गर्म प्रतिरोध उसके ठंडे प्रतिरोध से अधिक है क्योंकि फिलामेंट का तापमान गुणांक है

(ए) शून्य

(बी) नकारात्मक

(सी) <u>सकारात्मक</u>

(डी) लगभग 2 ओम प्रति डिग्री

49. करंट ले जाने वाले कंडक्टर पर इंसुलेशन प्रदान किया जाता है

(ए) वर्तमान के रिसाव को रोकने के लिए

(बी) सदमे को रोकने के लिए

(सी) <u>उपरोक्तदोनोंकारक</u>

(डी) उपरोक्त कारकों में से कोई नहीं

50. कंडक्टर पर प्रदान किए गए इन्सुलेशन की मोटाई निर्भर करती है

(ए) <u>कंडक्टरपरवोल्टेजकापरिमाण</u>

(बी) इसके माध्यम से बहने वाली धारा का परिमाण

(सी) दोनों (ए) और (बी)

(डी) उपरोक्त में से कोई नहीं

51. निम्नलिखित में से कौन सी मात्रा एक श्रृंखला सर्किट के सभी भागों में समान रहती है?

(ए) वोल्टेज

(बी) <u>वर्तमान</u>

(सी) पावर

(डी) प्रतिरोध

52. एक 40 W बल्ब को एक रूम हीटर के साथ श्रेणीक्रम में जोड़ा गया है। यदि अब 40 वाट के बल्ब को 100 वाट के बल्ब से बदल दिया जाए, तो हीटर का उत्पादन होगा

(कमी होना

(बी) <u>वृद्धि</u>

(सी) वही रहें

(डी) हीटर जल जाएगा

53. एक इलेक्ट्रिक केतली में पानी 10 मीटर मिनट में उबलता है। बॉयलर को 15 मिनट में उबालना आवश्यक है, उसी आपूर्ति साधन का उपयोग करके

(ए) <u>हीटिंगतत्वकीलंबाईकमकीजानीचाहिए</u>

(बी) हीटिंग तत्व की लंबाई बढ़ाई जानी चाहिए

(सी) हीटिंग तत्व की लंबाई का पानी पर हीटिंग पर कोई प्रभाव नहीं पड़ता है

(डी) उपरोक्त में से कोई नहीं

54. एक विद्युत फिलामेंट बल्ब से काम किया जा सकता है

(ए) डीसी आपूर्ति केवल

(बी) एसी आपूर्ति केवल

(सी) केवल बैटरी की आपूर्ति

(डी) <u>उपरोक्तसभी</u>

55. लागू वोल्टेज बढ़ने पर टंगस्टन लैंप का प्रतिरोध

(ए) घटता है

(बी) <u>बढ़ताहै</u>

(सी) वही रहता है

(डी) उपरोक्त में से कोई नहीं

56. परिपथ से गुजरने वाली विद्युत धारा उत्पन्न करती है

(ए) चुंबकीय प्रभाव

(बी) चमकदार प्रभाव

(सी) <u>थर्मलप्रभाव</u>

(डी) रासायनिक प्रभाव

(ई) सभी उपरोक्त प्रभाव

57. किसी पदार्थ का प्रतिरोध हमेशा घटता है यदि

(ए) सामग्री का तापमान कम हो जाता है

(6) सामग्री का तापमान बढ़ जाता है

(सी) उपलब्ध मुक्त इलेक्ट्रॉनों की संख्या अधिक हो जाती है

(डी) उपरोक्त में से कोई भी सही नहीं है

58. यदि किसी मशीन की दक्षता अधिक हो तो निम्न क्या होना चाहिए ?

(ए) इनपुट पावर

(बी) <u>नुकसान</u>

(सी) शक्ति का सही घटक

(डी) किलोवाट खपत

(ई) आउटपुट से इनपुट का अनुपात

59. जब किसी धात्विक चालक से विद्युत धारा प्रवाहित होती है तो उसका ताप बढ़ जाता है। इसका कारण है

(ए) <u>चालनइलेक्ट्रॉनोंऔरपरमाणुओंकेबीचटकराव</u>

(बी) मूल परमाणुओं से चालन इलेक्ट्रॉनों की रिहाई

(सी) धातु परमाणुओं के बीच आपसी टकराव

(डी) इलेक्ट्रॉनों के संचालन के बीच पारस्परिक टकराव

60. 250 वोल्ट पर रेटेड 500 डब्ल्यू और 200 डब्ल्यू के दो बल्बों का प्रतिरोध अनुपात होगा:

(ए) 4: 25

(बी) 25: 4

(सी) <u>2: 5</u>

(डी) 5: 2

61. एक कांच की छड़ को रेशमी कपड़े से रगड़ने पर आवेशित होता है क्योंकि

(ए) यह प्रोटॉन में लेता है

(बी) इसके परमाणु हटा दिए जाते हैं

(सी) <u>यहइलेक्ट्रॉनोंकोदूरकरताहै</u>

(डी) यह सकारात्मक चार्ज देता है

62. क्या सर्किट एसी हो सकता है। या डीसी वन, निम्नलिखित में सबसे प्रभावी है वर्तमान के परिमाण को कम करना।

(ए) रिएक्टर

(बी) संधारित्र

(सी) प्रारंभ करनेवाला

(डी) <u>प्रतिरोधी</u>

63. इसे हटाना अधिक कठिन हो जाता है

(ए) कक्षा से कोई भी इलेक्ट्रॉन

(6) कक्षा से पहला इलेक्ट्रॉन

(सी) कक्षा से दूसरा इलेक्ट्रॉन

(डी) <u>कक्षासेतीसराइलेक्ट्रॉन</u>

64. जब समानांतर परिपथ का एक पैर खोला जाता है तो कुल धारा वसीयत होगी

(ए) कम करें

(बी) वृद्धि

(सी) <u>कमी</u>

(डी) शून्य बनो

65. एक लैम्प लोड में जब कुल प्रतिरोध पर एक से अधिक लैम्प स्विच किए जाते हैं भार का

(ए) बढ़ता है

(बी) <u>घटताहै</u>

(सी) वही रहता है

(डी) उपरोक्त में से कोई नहीं

66. दो लैंप 100 W और 40 W 230 V . के आर-पार श्रृंखला में जुड़े हुए हैं (वैकल्पिक)।

निम्नलिखित में से कौन सा कथन सही है?

(ए) 100 डब्ल्यू लैंप तेज चमकेगा

(बी) <u>40 डब्ल्यूलैंपतेजचमकेंगे</u>

(सी) दोनों दीपक समान रूप से उज्ज्वल चमकेंगे

(डी) 40 डब्ल्यू दीपक फ्यूज हो जाएगा

67. 220 V, 100 W लैम्प का प्रतिरोध होगा

(ए) 4.84 क्यू

(बी) 48.4 क्यू

(सी) <u>484 फीट</u>

(डी) 4840 क्यू

68. प्रत्यक्ष धारा के मामले में

(ए) <u>वर्तमानकीपरिमाणऔरदिशास्थिररहतीहै</u>

(बी) समय के साथ वर्तमान परिवर्तनों की परिमाण और दिशा

(सी) समय के साथ वर्तमान परिवर्तनों का परिमाण

(डी) वर्तमान का परिमाण स्थिर रहता है

69. जब विद्युत धारा पानी से भरी बाल्टी से गुजरती है, तो बहुत अधिक बुदबुदाहट होती है

देखा। इससे पता चलता है कि आपूर्ति का प्रकार है

(ए) एसी

(बी) <u>डीसी</u>

(सी) उपरोक्त दो में से कोई भी

(डी) उपरोक्त में से कोई नहीं

70. लागू वोल्टेज बढ़ने पर कार्बन फिलामेंट लैंप का प्रतिरोध।

(ए) बढ़ता है

(बी) <u>घटताहै</u>

(सी) वही रहता है

(डी) उपरोक्त में से कोई नहीं

71. स्ट्रीट लाइटिंग में बल्ब सभी जुड़े हुए हैं

(ए) <u>समानांतर</u>

(बी) श्रृंखला

(सी) श्रृंखला-समानांतर

(डी) एंड-टू-एंड

72. परीक्षण उपकरणों के लिए, परीक्षण लैंप की वाट क्षमता होनी चाहिए

(ए) बहुत कम

(फुंक मारा

(सी) <u>उच्च</u>

(डी) कोई मूल्य

73. घर में दीपक जलाने से रेडियो में ध्वनि उत्पन्न होती है। ऐसा इसलिए है क्योंकि स्विचिंग ऑपरेशन उत्पन्न करता है

(ए) <u>संपर्कोंकोअलगकरनेमेंचाप</u>

(बी) उच्च तीव्रता का यांत्रिक शोर

(सी) संपर्कों के बीच यांत्रिक शोर और चाप दोनों

(डी) उपरोक्त में से कोई नहीं

74. स्पार्किंग तब होती है जब एक लोड बंद हो जाता है क्योंकि सर्किट उच्च होता है

(ए) प्रतिरोध

(बी) <u>अधिष्ठापन</u>

(सी) समाई

(डी) प्रतिबाधा

75. निश्चित लंबाई और प्रतिरोध के तांबे के तार को तीन गुना तक खींचा जाता है लंबाई में परिवर्तन के बिना तार का नया प्रतिरोध बन जाता है

(ए) 1/9 बार

(बी) 3 बार

(सी) <u>9 बार</u>

(डी) अपरिवर्तित

76. जब एक हीटर का प्रतिरोध तत्व फ्यूज हो जाता है और फिर हम उसके एक हिस्से को हटाकर इसे फिर से जोड़ देते हैं, तो हीटर की शक्ति होगी

(कमी होना

(बी) <u>वृद्धि</u>

(सी) स्थिर रहो

(डी) उपरोक्त में से कोई नहीं

77. बल का एक क्षेत्र केवल के बीच मौजूद हो सकता है

(ए) दो अणु

(बी) <u>दोआयन</u>

(सी) दो परमाणु

(डी) दो धातु कण

78. एक पदार्थ जिसके अणुओं में असमान परमाणु होते हैं, कहलाते हैं

(ए) अर्ध-कंडक्टर

(बी) सुपर-कंडक्टो

(सी) <u>यौगिक</u>

(डी) इन्सुलेटर

79. अंतर्राष्ट्रीय ओम को के प्रतिरोध के रूप में परिभाषित किया गया है

(ए) पाराकाएकस्तंभ

(बी) कार्बन का एक घन

(सी) तांबे का घन

(डी) तार की इकाई लंबाई

80. तीन समान प्रतिरोधक पहले समानांतर में और फिर श्रृंखला में जुड़े हुए हैं। पहले संयोजन का दूसरे संयोजन का परिणामी प्रतिरोध होगा

(ए) 9 गुना

(बी) 1/9 बार

(सी) 1/3 बार

(डी) 3 बार

91. प्रतिरोधों के पूर्ण माप के लिए किस विधि का उपयोग किया जा सकता है?

(ए) लोरेंत्ज़ विधि

(बी) रिले विधि

(सी) ओम की कानून विधि

(डी) व्हीटस्टोनब्रिजविधि

92. त्रिभुज बनाने के लिए तीन 6 ओम प्रतिरोधक जुड़े हुए हैं। किन्हीं दो कोनों के बीच प्रतिरोध क्या है?

(ए) 3/2 क्यू

(बी 6 क्यू

(सी) 4 क्यू

(डी) 8/3 क्यू

93. ओम का नियम लागू नहीं होता

(ए) अर्ध-चालक

(बी) डीसी सर्किट

(सी) छोटे प्रतिरोधी

(डी) उच्च धाराएं

94. दो तांबे के कंडक्टरों की लंबाई समान होती है। एक कंडक्टर का क्रॉस-सेक्शनल क्षेत्र दूसरे के चार गुना है। यदि छोटे अनुप्रस्थ काट वाले कंडक्टर का प्रतिरोध 40 ओम है तो अन्य कंडक्टर का प्रतिरोध होगा

(ए) 160 ओम

(बी) 80 ओम

(सी) 20 ओम

(डी) 10 ओम

95. हीटर कॉइल के रूप में उपयोग किए जाने वाले नाइक्रोम तार में 2 £2/m का प्रतिरोध होता है। 200 वोल्ट पर 1 किलोवाट के हीटर के लिए आवश्यक तार की लंबाई होगी

(ए) <u>80 एम</u>

(बी) 60 एम

(सी) 40 एम

(डी) 20 एम

96. प्रतिरोध का तापमान गुणांक के रूप में व्यक्त किया जाता है

(ए) ओम/डिग्री सेल्सियस

(बी) एमएचओएस/ओम डिग्री सेल्सियस

(सी) <u>ओम/ओमडिग्रीसेल्सियस</u>

98. जब हीटर कॉइल से करंट प्रवाहित होता है तो यह चमकता है लेकिन आपूर्ति तारों में चमक नहीं होती है क्योंकि

(ए) आपूर्ति लाइन के माध्यम से प्रवाह धीमी गति से बहता है

(बी) आपूर्ति तारों को इन्सुलेशन परत के साथ कवर किया गया है

(सी) <u>हीटरकॉइलकाप्रतिरोधआपूर्तितारोंसेअधिकहै</u>

(डी) आपूर्ति तार बेहतर सामग्री से बने होते हैं

99. ओम के नियम के तहत वैधता की शर्त यह है कि

(ए) <u>प्रतिरोधएकसमानहोनाचाहिए</u>

(बी) वर्तमान प्रतिरोध के आकार के समानुपाती होना चाहिए

(सी) प्रतिरोध तार घाव प्रकार होना चाहिए

(डी) सकारात्मक छोर पर तापमान नकारात्मक छोर पर तापमान से अधिक होना चाहिए

100. निम्नलिखित में से कौन सा कथन सही है?

(ए)

<u>एकअर्ध-चालकएकसामग्रीहैजिसकीचालकताएककंडक्टरऔरएकइन्सुलेटरकेबीचसमानहोतीहै</u>

(बी) एक अर्ध-चालक एक ऐसी सामग्री है जिसमें चालकता होती है जिसमें धातु और इन्सुलेटर की चालकता का औसत मूल्य होता है

(सी) एक अर्ध-कंडक्टर वह होता है जो लागू वोल्टेज का केवल आधा हिस्सा होता है

(डी) एक सेमी-कंडक्टर सामग्री और इन्सुलेटर के संचालन की वैकल्पिक परतों से बना एक सामग्री है

101. एक रिओस्तात पोटेंशियोमीटर से इस संबंध में भिन्न होता है कि यह

(ए) कम वाट क्षमता रेटिंग है

(बी) <u>उच्चवाटक्षमतारेटिंगहै</u>

(सी) बड़ी संख्या में मोड़ हैं

(डी) बड़ी संख्या में टैपिंग प्रदान करता है

102। समान विद्युत प्रतिरोध के लिए समान क्रॉस-सेक्शन के तांबे के कंडक्टर की तुलना में एक एल्यूमीनियम कंडक्टर का वजन है

(ए) <u>50%</u>

(बी) 60%

(सी) 100%

(डी) 150%

103. एक खुला रोकनेवाला, जब ओम-मीटर से जाँचा जाता है, तो पढ़ता है

(ए) शून्य

(बी) <u>अनंत</u>

(सी) उच्च लेकिन सहनशीलता के भीतर

(डी) कम लेकिन शून्य नहीं

104. अधिकांश धातुओं की तुलना में विद्युत चालकता वाली सामग्री बहुत कम होती है लेकिन सामान्य इन्सुलेटर की तुलना में बहुत अधिक होती है।

(ए) Varistors

(बी) थर्मिस्टर

(सी) <u>सेमी-कंडक्टर</u>

(डी) परिवर्तनीय प्रतिरोधी

105. सभी अच्छे कंडक्टरों में उच्च होता है

(ए) <u>चालन</u>

(बी) प्रतिरोध

(सी) अनिच्छा

(डी) तापीय चालकता

106. वोल्टेज पर निर्भर प्रतिरोधक आमतौर पर से बने होते हैं

(ए) लकड़ी का कोयला

(बी) सिलिकॉन कार्बाइड

(सी) <u>निक्रोम</u>

(डी) ग्रेफाइट

107. वोल्टेज पर निर्भर प्रतिरोधों का उपयोग किया जाता है

(ए) आगमनात्मक सर्किट के लिए

(बी) <u>उछालकोदबानेकेलिए</u>

(सी) हीटिंग तत्वों के रूप में

(डी) वर्तमान स्टेबलाइजर्स के रूप में

108. प्रोटॉन के द्रव्यमान और इलेक्ट्रॉन के द्रव्यमान का अनुपात लगभग है

(ए) <u>1840</u>

(बी) 1840

(सी) 30

(डी) 4

109. कार्बन परमाणु की सबसे बाहरी कक्षा में इलेक्ट्रॉनों की संख्या है

(ए) 3

(बी) <u>4</u>

(सी) 6

(डी) 7

110. समानांतर में जुड़े तीन प्रतिरोधों के साथ, यदि प्रत्येक 20 W को नष्ट कर देता है तो वोल्टेज स्रोत द्वारा आपूर्ति की गई कुल शक्ति बराबर होती है

(ए) 10 डब्ल्यू

(बी) 20 डब्ल्यू

(सी) 40 डब्ल्यू

(डी) <u>60 डब्ल्यू</u>

111. एक थर्मिस्टर में होता है

(ए) सकारात्मक तापमान गुणांक

(बी) नकारात्मक तापमान गुणांक

(सी) <u>शून्यतापमानगुणांक</u>

(डी) परिवर्तनीय तापमान गुणांक

112. यदि/, R और t क्रमशः धारा, प्रतिरोध और समय हैं, तो तदनुसार जूल के नियम के अनुसार उत्पादित ऊष्मा के समानुपाती होगी

(ए) <u>I2Rt</u>

(बी) I2Rf

(सी) I2R2t

(डी) आई2आर2टी*

113. नाइक्रोम तार किसका मिश्रधातु है?

(ए) सीसा और जस्ता

(बी) क्रोमियम और वैनेडियम

(सी) <u>निकलऔरक्रोमियम</u>

(डी) तांबा और चांदी

114. जब एक वोल्ट का वोल्टेज लगाया जाता है, तो एक सर्किट एक माइक्रो एम्पीयर करंट प्रवाहित होने देता है। सर्किट का संचालन है

(ए) <u>1 एन-महो</u>

(बी) 106 एमएचओ

(सी) 1 मिली-महो

(डी) उपरोक्त में से कोई नहीं

115. निम्नलिखित में से किसके पास नकारात्मक तापमान गुणांक हो सकता है?

(ए) चांदी के यौगिक

(6) तरल धातु

(सी) धातु मिश्र धातु

(डी) इलेक्ट्रोलाइट्स

116. चालकता : एमएचओ ::

(ए) प्रतिरोध: ओम

(बी) समाई: हेनरी

(सी) अधिष्ठापन: फैराड

(डी) लुमेन: स्टेरेडियन

117. 1 एंगस्ट्रॉम बराबर होता है

(ए) 10-8 मिमी

(बी) 10"6 सेमी

(सी) 10"10 एम

(डी) 10 ~ 14 एम

118. एक न्यूटन मीटर समान है

(ए) एक वाट

(बी) एकजूल

(सी) पांच जूल

(डी) एक जूल सेकंड

1. आमतौर पर चुंबकीय परिपथों में एक वायु अंतराल डाला जाता है

(ए) एमएमएफ . बढ़ाएं

(बी) प्रवाह में वृद्धि

(सी) संतृप्तिकोरोकें

(डी) उपरोक्त में से कोई नहीं

2. लौहचुम्बकीय पदार्थ की आपेक्षिक पारगम्यता है

(ए) एक से कम

(बी) एक से अधिक

(सी) 10 . से अधिक

(डी) 100 सेअधिकया 1000

3. चुंबकीय फ्लक्स की इकाई है

(ए) हेनरी

(बी) <u>वेबर</u>

(सी) एम्पीयरटर्न / वेबर

(डी) एम्पीयर / मीटर

4. चुंबकीय परिपथ में पारगम्यता विद्युत परिपथ में _______ से मेल खाती है।

(ए) प्रतिरोध

(बी) प्रतिरोधकता

(सी) <u>चालकता</u>

(डी) चालन

5. गलत कथन को इंगित करें।

विद्युत मशीनों में चुंबकीय रिसाव अवांछनीय है क्योंकि यह

(ए) <u>उनकीशक्तिदक्षताकोकमकरताहै</u>

(बी) निर्माण की उनकी लागत को बढ़ाता है

(सी) उनके बढ़े हुए वजन की ओर जाता है

(डी) फ्रिंजिंग पैदा करता है

6. निर्वात की सापेक्ष पारगम्यता है

(ए) <u>1</u>

(बी) 1 एच / एम

(सी) 1/4JI

(डी) 4एन एक्स 10-' एच/एम

7. स्थायी चुम्बक सामान्यतः के बने होते हैं

(ए) <u>अलनिकोमिश्रधातु</u>

(बी) एल्यूमीनियम

(सी) कच्चा लोहा

(डी) गढ़ा लोहा

8. किसी कुण्डली की धारा में प्रतिशत वृद्धि करने पर उसकी संचित ऊर्जा दुगनी हो जाती है।

(ए) 25

(बी) 50

(सी) <u>41.4</u>

(डी) 100

9. आर्मेचर और ट्रांसफॉर्मर बनाने के लिए वे चुंबकीय सामग्री सबसे उपयुक्त हैं कोर जिनमें _____पारगम्यता और _________ हिस्टैरिसीस हानि होती है।

(ए) उच्च, उच्च

(बी) कम, उच्च

(सी) <u>उच्च, निम्न</u>

(डी) कम, कम

10. आगमनात्मक कुण्डली से धारा के उदय की दर अधिकतम होती है

(ए) इसके अधिकतम स्थिर मूल्य के 63.2% पर

(बी) <u>वर्तमानप्रवाहकीशुरुआतमें</u>

(सी) एक बार स्थिर होने के बाद

(डी) वर्तमान के अंतिम अधिकतम मूल्य के करीब

11. जब किसी कुण्डली के प्रेरकत्व और प्रतिरोध दोनों को का मान दोगुना कर दिया जाता है

(ए) <u>समयस्थिरअपरिवर्तितरहताहै</u>

(बी) वर्तमान की वृद्धि की प्रारंभिक दर दोगुनी है

(सी) अंतिम स्थिर धारा दोगुनी हो जाती है

(डी) समय स्थिर आधा है

12. अधिष्ठापन की कुंडली के माध्यम से धारा के उदय की प्रारंभिक दर 10 एच जब अचानक 200 वी की डीसी आपूर्ति से जुड़ा है_________Vs

(ए) 50

(बी) <u>20</u>

(सी) 0.05

(डी) 500

13. अच्छी चुंबकीय स्मृति के लिए एक सामग्री होनी चाहिए

(ए) कम हिस्टैरिसीस नुकसान

(बी) उच्च पारगम्यता

(सी) कम प्रतिधारण

(डी) <u>उच्चप्रतिधारण</u>

14. चालकता के अनुरूप है

(ए) प्रतिधारण

(बी) प्रतिरोधकता

(सी) <u>पारगम्यता</u>

(डी) अधिष्ठापन

15. चुंबकीय पदार्थ में हिस्टैरिसीस हानि मुख्यतः किसके कारण होती है?

(ए) इसके चुंबकीयकरण के तेजी से उलट

(बी) चुंबकीय बल से पीछे प्रवाह घनत्व

(सी) आणविक घर्षण

(डी) यहउच्चप्रतिधारण

16. वे पदार्थ स्थायी चुम्बक बनाने के लिए उपयुक्त होते हैं जिनमें
______ प्रतिधारण और ________ जबरदस्ती।

(ए) कम, उच्च

(बी) उच्च, उच्च

(सी) उच्च, निम्न

(डी) कम, कम

17. यदि किसी पदार्थ के हिस्टैरिसीस लूप का क्षेत्रफल बड़ा है, तो इसमें हिस्टैरिसीस हानि होती है

सामग्री होगी

(ए) शून्य

(बी) छोटा

(सी) बड़े

(डी) उपरोक्त में से कोई नहीं

18. कठोर स्टील स्थायी चुम्बक बनाने के लिए उपयुक्त है क्योंकि

(ए) इसमेंअच्छाअवशिष्टचुंबकत्वहै

(बी) इसके हिस्टैरिसीस लूप का क्षेत्रफल बड़ा है

(सी) इसकी यांत्रिक शक्ति अधिक है

(डी) इसकी यांत्रिक शक्ति कम है

19. विद्युत मशीनों में सिलिकॉन स्टील का उपयोग किया जाता है क्योंकि इसमें

(ए) कम जबरदस्ती

(बी) कम प्रतिधारण

(सी) कमहिस्टैरिसीसनुकसान

(डी) उच्च जबरदस्ती

20. चालकता के अनुरूप है

(ए) पारगम्यता

(बी) अनिच्छा

(सी) प्रवाह

(डी) अधिष्ठापन

21. किसी पदार्थ का वह गुण जो उसमें चुंबकीय फ्लक्स के निर्माण का विरोध करता है, है

जाना जाता है

(ए) अनिच्छा

(बी) मैग्नेटोमोटिव बल

(सी) पारगम्यता

(डी) <u>अनिच्छा</u>

22. प्रतिधारण की इकाई है

(ए) वेबर

(बी) <u>वेबर / वर्ग।एम</u>

(सी) एम्पीयर टर्न/मीटर

(डी) एम्पीयर टर्न

23. अनिच्छा का पारस्परिक है

(ए) अनिच्छा

(बी) <u>पारगम्यता</u>

(सी) पारगम्यता

(डी) संवेदनशीलता

24. चुंबकीय और विद्युत परिपथों की तुलना करते समय, चुंबकीय परिपथ का फ्लक्स होता है

विद्युत परिपथ के किस पैरामीटर से तुलना की जाती है?

(ए) ईएमएफ

(बी) <u>वर्तमान</u>

(सी) वर्तमान घनत्व

(डी) चालकता

25. अनिच्छा की इकाई है

(ए) मीटर / हेनरी

(बी) हेनरी / मीटर

(सी) हेनरी

(डी) <u>1 / हेनरी</u>

26. एक फेराइट कोर में लोहे के कोर की तुलना में कम एडी करंट लॉस होता है क्योंकि

(ए) <u>फेराइट्समेंउच्चप्रतिरोधहोताहै</u>

(बी) फेराइट चुंबकीय हैं

(सी) फेराइट्स में कम पारगम्यता है

(डी) फेराइट्स में उच्च हिस्टैरिसीस है

27. हिस्टैरिसीस हानि कम से कम किस पर निर्भर करती है?

(ए) सामग्री की मात्रा

(बी) आवृत्ति

(सी) सामग्री के स्टीनमेट्ज़ गुणांक

(डी) <u>परिवेशकातापमान</u>

28. विद्युत मशीनों में टुकड़े टुकड़े वाले कोर का उपयोग कम करने के लिए किया जाता है

(ए) तांबे की हानि

(बी) <u>एड़ीवर्तमाननुकसान</u>

(सी) हिस्टैरिसीस नुकसान

(D। उपरोक्त सभी

1. टेस्ला की एक इकाई है

(ए) क्षेत्र की ताकत

(बी) अधिष्ठापन

(सी) <u>प्रवाहघनत्व</u>

(डी) प्रवाह

2. पारगम्य पदार्थ एक होता है

(ए) जो एक अच्छा कंडक्टर है

(6) जो एक बुरा संवाहक है

(सी) जो एक मजबूत चुंबक है

(डी) <u>जिसकेमाध्यमसेबलकीचुंबकीयरेखाएंबहुतआसानीसेगुजरसकतीहैं</u>

3. कम धारण क्षमता वाले पदार्थ बनाने के लिए उपयुक्त होते हैं

(ए) कमजोर चुंबक

(बी) <u>अस्थायीचुंबक</u>

(सी) स्थायी चुंबक

(डी) उपरोक्त में से कोई नहीं

4. एक चुंबकीय क्षेत्र चारों ओर मौजूद है

(ए) लोहा

(बी) तांबा

(सी) एल्यूमीनियम

(डी) <u>चलतीशुल्क</u>

5. फेराइट पदार्थ हैं।

(ए) पैरामैग्नेटिक

(बी) प्रतिचुंबकीय

(सी) <u>लौहचुंबकीय</u>

(डी) उपरोक्त में से कोई नहीं

6. वायु अंतराल में लोहे या इस्पात पथ की तुलना में ________ अनिच्छा होती है

(थोड़ा

(बी) <u>कम</u>

(सी) उच्च

(डी) शून्य

7. बल की चुंबकीय रेखाओं की दिशा है

(ए) दक्षिणी ध्रुव से उतरी ध्रुव तक

(बी) <u>उतरीध्रुवसेदक्षिणीध्रुवतक</u>

(सी) चुंबक के एक छोर से दूसरे छोर तक

(डी) उपरोक्त में से कोई नहीं

8. निम्नलिखित में से कौन एक सदिश राशि है?

(ए) सापेक्ष पारगम्यता

(बी) <u>चुंबकीयक्षेत्रकीतीव्रता</u>

(सी) फ्लक्स घनत्व

(डी) चुंबकीय क्षमता

9. एक ट्रांसमिशन लाइन के दो कंडक्टर बराबर धारा I को विपरीत दिशा में ले जाते हैं निर्देश। प्रत्येक कंडक्टर पर बल है

(ए) 7 . के आनुपातिक

(बी) <u>एक्सकेआनुपातिक</u>

(सी) कंडक्टरों के बीच की दूरी के आनुपातिक

(डी) I . के विपरीत आनुपातिक

10. वह पदार्थ जो चुंबकीय क्षेत्र द्वारा थोड़ा प्रतिकर्षित होता है, कहलाता है

(ए) लौहचुंबकीय सामग्री

(बी) <u>प्रतिचुंबकीयसामग्री</u>

(सी) पैरामैग्नेटिक सामग्री

(डी) सामग्री का संचालन

11. जब लोहे के टुकड़े को चुंबकीय क्षेत्र में रखा जाता है

(ए) जाने के लिए बल की चुंबकीय रेखाएं अपने सामान्य पथ से दूर हो जाएंगी टुकड़े से दूर

(बी) <u>बलकीचुंबकीयरेखाएंअपनेसामान्यपथसेदूरहोजाएंगीताकि टुकड़ेकेमाध्यमसेगुजरना</u>

(सी) चुंबकीय क्षेत्र प्रभावित नहीं होगा

(डी) लोहे का टुकड़ा टूट जाएगा

12. फ्लेमिंग के बाएं हाथ के नियम का प्रयोग को खोजने के लिए किया जाता है

(ए) वर्तमान ले जाने वाले कंडक्टर के कारण चुंबकीय क्षेत्र की दिशा

(बी) एक परिनालिका में प्रवाह की दिशा

(सी) <u>एकचुंबकीयक्षेत्रमेंवर्तमानलेजानेवालेकंडक्टरपरबलकीदिशा</u>

(डी) एक चुंबकीय ध्रुव की ध्रुवीयता

13. चुम्बकत्व की तीव्रता और चुम्बकत्व बल के अनुपात को क्या कहते हैं?

(ए) प्रवाह घनत्व

(बी) <u>संवेदनशीलता</u>

(सी) सापेक्ष पारगम्यता

(डी) उपरोक्त में से कोई नहीं

14. स्टील को चुंबकित करना सामान्य कठिन है क्योंकि

(ए) यह आसानी से खराब हो जाता है

(6) इसकी उच्च पारगम्यता है

(सी) इसमें उच्च विशिष्ट गुरुत्व है

(डी) <u>इसकीकमपारगम्यताहै</u>

15. बाएँ हाथ का नियम किससे संबंधित है?

(ए) एक कंडक्टर पर वर्तमान, प्रेरित ईएमएफ और बल की दिशा

(बी) चुंबकीय क्षेत्र, विद्युत क्षेत्र और कंडक्टर पर बल की दिशा

(सी) एक कंडक्टर पर आत्म प्रेरण, पारस्परिक प्रेरण और बल की दिशा

(डी) <u>एककंडक्टरपरवर्तमान, चुंबकीयक्षेत्रऔरबलकीदिशा</u>

16. आपेक्षिक पारगम्यता की इकाई है

(ए) हेनरी / मीटर

(बी) हेनरी

(सी) हेनरी / वर्ग। एम

(डी) <u>यहआयामहीनहै</u>

17. लम्बाई L के एक चालक में धारा I प्रवाहित होती है, जब इसे रखा जाता है चुंबकीय क्षेत्र के समानांतर। कंडक्टर द्वारा अनुभव किया गया बल होगा

(ए) <u>शून्य</u>

(बी) बीएलआई

(सी) बी2एलआई

(डी) बीएलआई2

18. दो लंबे समानांतर कंडक्टरों के बीच का बल के व्युत्क्रमानुपाती होता है

(ए) कंडक्टरों की त्रिज्या

(बी) एक कंडक्टर में वर्तमान

(सी) दो कंडक्टरों में वर्तमान का उत्पाद

(डी) <u>कंडक्टरोंकेबीचकीदूरी</u>

19. चुंबकत्व के तेजी से उत्क्रमण के अधीन सामग्री होनी चाहिए

(ए) बड़े क्षेत्र ओआईबी-एच लूप

(बी) <u>उच्चपारगम्यताऔरकमहिस्टैरिसीसनुकसान</u>

(सी) उच्च सह-ऊर्जा और उच्च प्रतिधारण

(डी) उच्च सह-ऊर्जा और कम घनत्व

20. इंगित करें कि निम्नलिखित में से कौन सी सामग्री चुंबकत्व को बरकरार नहीं रखती है

स्थायी रूप से।

(ए) <u>नरमलोहा</u>

(बी) स्टेनलेस स्टील

(ई) कठोर स्टील

(डी) उपरोक्त में से कोई नहीं

21. परमालॉय का मुख्य घटक है

(ए) कोबाल्ट

(बी) क्रोमियम

(सी) <u>निकल</u>

(डी) टंगस्टन

22. स्थायी चुम्बकों का उपयोग है। में नहीं बनाया गया

(ए) मैग्नेटो

(6) ऊर्जा मीटर

(सी) <u>ट्रांसफार्मर</u>

(डी) लाउड-स्पीकर

23. अनुचुम्बकीय पदार्थों में आपेक्षिक पारगम्यता होती है

(ए) एकता से थोड़ा कम

(बी) एकता के बराबर

(सी) <u>एकतासेथोड़ाअधिक</u>

(डी) उस फेरोमैग्नेटिक मेट रियाल के बराबर

25. वे पदार्थ जिनकी पारगम्यता मुक्त स्थान की पारगम्यता से कम होती है के रूप में जाना जाता है

(ए) लौहचुंबकीय

(बी) पैरामैग्नेटिक

(सी) <u>प्रतिचुंबकीय</u>

(डी) द्विध्रुवी

27. बाएं हाथ के नियम में, तर्जनी हमेशा का प्रतिनिधित्व करती है

(ए) वोल्टेज

(बी) वर्तमान

(सी) <u>चुंबकीयक्षेत्र</u>

(डी) कंडक्टर पर बल की दिशा

28. निम्नलिखित में से कौन लौहचुम्बकीय पदार्थ है ?

(ए) टंगस्टन

(बी) एल्यूमिनियम

(सी) कॉपर

(डी) <u>निकेल</u>

29. फेराइट का एक उपसमूह है

(ए) गैर-चुंबकीय सामग्री

(6) लौह-चुंबकीय सामग्री

(सी) पैरामैग्नेटिक सामग्री

(डी) <u>फेरी-चुंबकीयसामग्री</u>

30. गिल्बर्ट की एक इकाई है

(ए) इलेक्ट्रोमोटिव बल

(बी) <u>मैग्नेटोमोटिवबल</u>

(सी) चालन

(डी) पारगम्यता

51. बिजली की मात्रा के लिए इकाई है

(ए) एम्पीयर-घंटा

(बी) वाट

(सी) जूल

(डी) <u>कूलम्ब</u>

52. बायो-सावर्ट का नियम किसका सामान्य संशोधन है?

(ए) किरचॉफ कानून

(बी) लेनज़ का कानून

(सी) <u>एम्पीयरकाकानून</u>

(डी) फैराडे के कानून

53. नर्म लोहे से चुम्बक बनाने का सबसे प्रभावी और तेज मेय किसके द्वारा है?

(ए) <u>इसेकरंटलेजानेवालीकॉइलकेअंदररखना</u>

(बी) प्रेरण

(सी) स्थायी चुंबक का उपयोग

(डी) दूसरे चुंबक के साथ रगड़ना

54. चुंबकत्व के परिरक्षण या स्क्रीनिंग के लिए आमतौर पर इस्तेमाल की जाने वाली सामग्री है

(ए) तांबा

(बी) एल्यूमीनियम

(सी) <u>नरमलोहा</u>

(डी) पीतल

55. यदि एक तांबे की डिस्क को स्वतंत्र रूप से निलंबित चुंबकीय सुई के नीचे तेजी से घुमाया जाता है,

चुंबकीय सुई एक वेग के साथ घूमना शुरू कर देगी

(ए) डिस्क से कम लेकिन विपरीत दिशा में

(बी) डिस्क के बराबर और उसी दिशा में

(सी) डिस्क के बराबर और विपरीत दिशा में

(डी) <u>डिस्कसेकमऔरएकहीदिशामें</u>

56. एक स्थायी चुंबक

(ए) <u>कुछपदार्थोंकोआकर्षितकरताहैऔरदूसरोंकोपीछेहटाताहै</u>

(बी) सभी अनुचुंबकीय पदार्थों को आकर्षित करता है और दूसरों को पीछे हटाता है

(सी) केवल लौहचुंबकीय पदार्थों को आकर्षित करता है

(डी) फेरोमैग्नेटिक पदार्थों को आकर्षित करता है और अन्य सभी को पीछे हटा देता है

57. सामग्री की अवधारण (एक संपत्ति) के निर्माण के लिए उपयोगी है

(ए) <u>स्थायीचुंबक</u>

(बी) ट्रांसफार्मर

(सी) गैर चुंबकीय पदार्थ

(डी) विद्युत चुंबक

58. सामग्री की सापेक्ष पारगम्यता स्थिर नहीं है।

(ए) प्रतिचुंबकीय

(बी) पैरामैग्नेटिक

(सी) <u>लौहचुंबकीय</u>

(डी) इन्सुलेट

59. सामग्री हवा की तुलना में चुंबकीय प्रवाह के थोड़े अवर संवाहक हैं।

(ए) लौहचुंबकीय

(बी) पैरामैग्नेटिक

(सी) <u>प्रतिचुंबकीय</u>

(डी) ढांकता हुआ

60. चुंबकीय रूप से कठोर सामग्री के मामले में हिस्टैरिसीस लूप आकार में अधिक होता है:

चुंबकीय रूप से नरम सामग्री की तुलना में।

(ए) परिपत्र

(बी) त्रिकोणीय

(सी) <u>आयताकार</u>

(डी) उपरोक्त में से कोई नहीं

61. चुंबकीय क्षण M का एक आयताकार चुंबक उसी के दो टुकड़ों में काटा जाता है लंबाई, प्रत्येक टुकड़े का चुंबकीय क्षण होगा

(पूर्वाह्न

(बी) <u>एम / 2</u>

(सी) 2 एम

(डी) एम / 4

62. एक कीपर का उपयोग किया जाता है

(ए) चुंबकीय रेखाओं की दिशा बदलें

(बी) प्रवाह बढ़ाना

(सी) खोए हुए प्रवाह को बहाल करें

(डी) <u>प्रवाहकेलिएएकबंदपथप्रदानकरें</u>

63. चुंबकीय क्षण a . है

(ए) ध्रुव ताकत

(6) सार्वभौमिक स्थिरांक

(सी) अदिश मात्रा

(डी) <u>वेक्टरमात्रा</u>

64. चुंबकीय क्षेत्र में कंडक्टर के क्रॉस-सेक्शनल क्षेत्र का परिवर्तन प्रभावित करेगा

(ए) कंडक्टर की अनिच्छा

(बी) कंडक्टर का प्रतिरोध

(सी) <u>(ए) और (बी) दोनोंएकहीतरहसे</u>

(डी) उपरोक्त में से कोई नहीं

65. एकसमान चुंबकीय क्षेत्र है

(ए) समानांतर कंडक्टर के एक सेट का क्षेत्र

(बी) एक कंडक्टर का क्षेत्र

(सी) <u>वहक्षेत्रजिसमेंचुंबकीयप्रवाहकीसभीरेखाएंसमानांतरऔरसमानदूरीपरहोतीहैं</u>

(डी) उपरोक्त में से कोई नहीं

66. चुंबक-प्रेरक बल है

(ए) रोमांचक कॉइल के दो सिरों में वोल्टेज

(बी) एक विद्युत प्रवाह का प्रवाह

(सी) <u>चुंबकीयक्षेत्रकीएकपंक्तिद्वाराग्रहणकीगईसभीधाराओंकायोग</u>

(डी) एक रोमांचक कुंडल के माध्यम से चुंबकीय क्षेत्र का मार्ग

91. निम्नलिखित में से किस सामग्री के लिए संतृप्ति मूल्य सबसे अधिक है?

(ए) फेरोमैग्नेटिक सामग्री

(6) अनुचुंबकीय पदार्थ

(सी) प्रतिचुंबकीय सामग्री

(डी) <u>फेराइट्स</u>

92. चुम्बकीय पदार्थ चुम्बकत्व का गुण प्रदर्शित करते हैं क्योंकि

(ए) इलेक्ट्रॉनों की कक्षीय गति

(बी) इलेक्ट्रॉनों का स्पिन

(सी) <u>नाभिककेस्पिन</u>

(डी) इनमें से कोई भी

93. निम्नलिखित में से किस सामग्री के लिए शुद्ध चुंबकीय क्षण शून्य होना चाहिए?

(ए) प्रतिचुंबकीय सामग्री

(बी) फेरिमैग्नेटिक सामग्री

(सी) <u>एंटीफेरोमैग्नेटिकसामग्री</u>

(डी) एंटीफेरिमैग्नेटिक सामग्री

94. विद्युत चुम्बक की आकर्षण क्षमता बढ़ जाएगी यदि

(ए) कोर लंबाई बढ़ जाती है i

(बी) कोर क्षेत्र बढ़ता है

(सी) प्रवाह घनत्व घटता है

(डी) <u>प्रवाहघनत्वबढ़ताहै</u>

95. निम्नलिखित में से कौन सा कथन सही है?

(ए) <u>फेराइटकीचालकताफेरोमैग्नेटिकसामग्रीसेबेहतरहै</u>

(बी) फेरोमैग्नेटिक सामग्री की चालकता फेराइट से बेहतर है

(सी) फेराइट की चालकता बहुत अधिक है

(डी) फेराइट की चालकता फेरोमैग्नेटिक सामग्री के समान होती है

96. अस्थायी चुम्बक का प्रयोग किया जाता है

(ए) लाउड-स्पीकर

(बी) जनरेटर

(सी) मोटर्स

(डी) <u>उपरोक्तसभी</u>

97. शोर वाले परिनालिका के मुख्य कारण हैं

(ए) प्रतिकर्षण के कारण अंत में टुकड़े टुकड़े से पंखे की मजबूत प्रवृत्ति बल की चुंबकीय रेखाओं के बीच

(बी) असमान असर वाली सतह, जो चलती और के बीच गंदगी या असमान पहनने के कारण होती है

स्थिर भाग

(सी) <u>उपरोक्तदोनों</u>

(डी) उपरोक्त में से कोई नहीं

99. विद्युत चुम्बक के क्रोड में होना चाहिए

(ए) कम जबरदस्ती

(6) उच्च संवेदनशीलता

(सी) <u>उपरोक्तदोनों</u>

(डी) उपरोक्त में से कोई नहीं

100. चुंबक के चुंबकत्व को किसके द्वारा नष्ट किया जा सकता है?

(ए) हीटिंग

(बी) हथौड़ा मारना

(सी) दूसरे चुंबक की आगमनात्मक क्रिया द्वारा

(डी) <u>उपरोक्तसभीतरीकोंसे</u>

1. कुण्डली का वह गुण जिससे धारा के होने पर उसमें एक प्रति ईएमएफ प्रेरित होता है कुंडल के माध्यम से परिवर्तन के रूप में जाना जाता है

(ए) <u>आत्मअधिष्ठापन</u>

(बी) पारस्परिक अधिष्ठापन

(सी) श्रृंखला सहायता अधिष्ठापन

(डी) समाई

2. फैराडे के विद्युत चुम्बकीय प्रेरण के नियमों के अनुसार, एक ईएमएफ को a . में प्रेरित किया जाता है

कंडक्टर जब भी

(ए) चुंबकीय प्रवाह के लंबवत स्थित है

(बी) एक चुंबकीय क्षेत्र में स्थित है

(सी) <u>चुंबकीयप्रवाहमेंकटौती</u>

(डी) चुंबकीय क्षेत्र की दिशा के समानांतर चलता है

3. निम्नलिखित में से कौन सा सर्किट तत्व विद्युत चुम्बकीय में ऊर्जा संग्रहीत करता है

खेत ?

(ए) <u>अधिष्ठापन</u>

(बी) कंडेनसर

(सी) परिवर्तनीय प्रतिरोधी

(डी) प्रतिरोध

4. निम्नलिखित को छोड़कर सभी स्थितियों में एक कॉइल का इंडक्शन बढ़ जाएगा:

(ए) जबसमानसंख्यामेंघुमावोंकेलिएअधिकलंबाईप्रदानकीजातीहै

(6) जब कुंडल के घुमावों की संख्या बढ़ जाती है

(सी) जब प्रत्येक मोड़ के लिए अधिक क्षेत्र प्रदान किया जाता है

(डी) जब कोर की पारगम्यता बढ़ जाती है

5. एक कुंडल का स्व-प्रेरकत्व जितना अधिक होगा,

(ए) कम इसके वेबर-मोड़

(बी) प्रेरित ईएमएफ को कम करें

(सी) इसके द्वारा उत्पादित प्रवाह अधिक से अधिक

(डी) इसकेमाध्यमसेस्थिरधारास्थापितकरनेमेंअधिकदेरी

6. एक लोहे की कोर वाली कुंडल में लोहे की कोर को हटा दिया जाता है ताकि कुंडल एक वायु कोर्ड कुंडल बन जाए। कुंडल का अधिष्ठापन होगा

(ए) वृद्धि

(बी) कमी

(सी) वही रहें

(डी) शुरू में बढ़ो और फिर घटो

7. एक खुली कुण्डली में होती है

(ए) शून्य प्रतिरोध और अधिष्ठापन

(बी) अनंतप्रतिरोधऔरशून्यअधिष्ठापन

(सी) अनंत प्रतिरोध और सामान्य अधिष्ठापन

(डी) शून्य प्रतिरोध और उच्च अधिष्ठापन

8. एक आगमनात्मक कुंडल के घुमावों की संख्या और कोर लंबाई दोनों को दोगुना कर दिया जाता है।

इसका सेल्फ इंडक्शन होगा

(ए) अप्रभावित

(बी) दोगुना

(सी) आधा

(डी) चौगुनी

9. यदि किसी चालक में धारा बढ़ती है तो लेन्ज के नियम के अनुसार स्व-प्रेरित वोल्टेज होगा

(ए) बढ़ती धारा की सहायता करें

(बी) वर्तमान किराए की मात्रा को कम करने की प्रवृत्ति है

(सी) बढ़तीधाराकेविपरीतवर्तमानउत्पन्नकरें

(डी) लागू वोल्टेज की सहायता करें

10. प्रेरित विद्युत वाहक बल की दिशा किसके द्वारा ज्ञात की जा सकती है?

(ए) लाप्लास का कानून

(बी) लेनज़काकानून

(c) फ्लेमिंग के दाहिने हाथ का नियम

(डी) किरचॉफ का वोल्टेज कानून

11. एयर-कोर कॉइल व्यावहारिक रूप से मुक्त हैं

(ए) हिस्टैरिसीस नुकसान

(बी) एड़ी वर्तमान नुकसान

(सी) दोनों (ए) और (बी)

(डी) उपरोक्त में से कोई नहीं

12. किसी चालक में प्रेरित विद्युत वाहक बल का परिमाण किस पर निर्भर करता है?

(ए) चुंबकीय क्षेत्र का प्रवाह घनत्व

(बी) प्रवाह कटौती की मात्रा

(सी) फ्लक्स लिंकेज की मात्रा

(डी) फ्लक्स-लिंकेजकेपरिवर्तनकीदर

13. दो चुंबकीय रूप से युग्मित कुंडलियों के बीच पारस्परिक रूप से अधिष्ठापन निर्भर करता है

(ए) कोर की पारगम्यता

(बी) उनके घुमावों की संख्या

(सी) उनके सामान्य कोर का पार-अनुभागीय क्षेत्र

(डी) उपरोक्तसभी

14. एक लेमिनेटेड लोहे के कोर ने एड़ी-करंट के नुकसान को कम कर दिया है क्योंकि

(ए) कॉइल में कम डीसी प्रतिरोध के साथ अधिक तार का उपयोग किया जा सकता है

(बी) टुकड़ेटुकड़ेएकदूसरेसेइन्सुलेटकिएजातेहैं

(सी) चुंबकीय प्रवाह कोर के वायु अंतराल में केंद्रित है

(डी) टुकड़े टुकड़े खड़ी खड़ी हैं

15. कानून कि प्रेरित ईएमएफ और करंट हमेशा कारण का विरोध करते हैं

उनका उत्पादन करने के कारण है

(ए) फैराडे

(बी) लेन्ज़ो

(सी) न्यूटन

16. निम्नलिखित में से कौन अधिष्ठापन की इकाई नहीं है ?

(ए) हेनरी

(बी) <u>कूलम्ब/वोल्टएम्पीयर</u>

(सी) वोल्ट सेकेंड प्रति एम्पीयर

(D। उपरोक्त सभी

17. एक अधिष्ठापन के मामले में, धारा के समानुपाती होती है

(ए) अधिष्ठापन भर में वोल्टेज

(बी) <u>चुंबकीयक्षेत्र</u>

(सी) दोनों (ए) और (बी)

(डी) न तो (ए) और न ही (बी)

18. निम्नलिखित में से कौन सा सर्किट तत्व सर्किट में बदलाव का विरोध करेगा वर्तमान ?

(ए) समाई

(बी) <u>अधिष्ठापन</u>

(सी) प्रतिरोध

(D। उपरोक्त सभी

19. विशुद्ध रूप से आगमनात्मक परिपथ के लिए निम्नलिखित में से कौन सा सत्य है ?

(ए) स्पष्ट शक्ति शून्य है

(बी) सापेक्ष शक्ति है। शून्य

(सी) <u>सर्किटकीवास्तविकशक्तिशून्यहै</u>

(डी) सर्किट में मौजूद होने पर भी कोई कैपेसिटेंस चार्ज नहीं किया जाएगा

20. निम्नलिखित में से कौन अधिष्ठापन की इकाई है?

(ए) ओहमो

(बी) <u>हेनरी</u>

(सी) एम्पीयर बदल जाता है

(डी) वेबर्स / मीटर

21. अधिष्ठापन 4H की कुण्डली में 16 वोल्ट का विद्युत वाहक बल प्रेरित होता है। परिवर्तन की दर

वर्तमान का होना चाहिए

(ए) 64 ए / एस

(बी) 32 ए / एस

(सी) 16 ए / एस

(डी) <u>4 ए / एस</u>

22. एक कुंडल के क्रोड की लंबाई 200 मिमी है। कुंडल का अधिष्ठापन 6 mH है। यदि कोर की लंबाई दोगुनी हो जाती है, अन्य सभी मात्राएं समान रहती हैं,

अधिष्ठापन होगा

(ए) <u>3 एमएच</u>

(बी) 12 एमएच

(सी) 24 एमएच

(डी) 48 एमएच

23. दो कुंडलियों के स्वप्रेरकत्व 8 mH और 18 mH हैं। यदि के गुणांक युग्मन 0.5 है, कुंडलियों का पारस्परिक अधिष्ठापन है

(ए) 4 एमएच

(बी) 5 एमएच

(सी) <u>6 एमएच</u>

(डी) 12 एमएच

24. दो कुंडलियों में 8 mH और 18 mH का अधिष्ठापन और युग्मन का एक गुणांक है 0.5 का। यदि दो कुंडलियों को श्रृंखला सहायता में जोड़ा जाता है, तो कुल अधिष्ठापन होगा

(ए) 32 एमएच

(बी) <u>38 एमएच</u>

(सी) 40 एमएच

(डी) 48 एमएच

25. एक 200 टर्न कॉइल में 12 mH का इंडक्शन होता है। यदि फेरों की संख्या है 400 मोड़ तक बढ़ गया, अन्य सभी मात्राएँ (क्षेत्र, लंबाई आदि) समान रहीं, अधिष्ठापन होगा

(ए) 6 एमएच

(बी) 14 एमएच

(सी) 24 एमएच

(डी) <u>48 एमएच</u>

26. दो कॉइल में 10 एच और 2 एच के स्व-प्रेरकत्व होते हैं, पारस्परिक अधिष्ठापन शून्य। यदि दो कुंडलियों को श्रेणीक्रम में जोड़ा जाता है, तो कुल अधिष्ठापन होगा

(ए) 6 एच

(बी) 8 एच

(सी) <u>12 एच</u>

(डी) 24 एच

27. यदि कॉइल 1 में करंट से सभी फ्लक्स कॉइल 2 से जुड़ते हैं, तो सह-कुशल युग्मन का होगा

(ए) 2.0

(बी) 1.0

(सी) 0.5

(डी) शून्य

28. नगण्य प्रतिरोध वाली एक कुण्डली में 10 mA के साथ 50V है। आगमनात्मक प्रतिक्रिया है

(ए) 50 ओम

(बी) 500 ओम

(सी) 1000 ओम

(डी) 5000 ओम

29. 2 मीटर लंबा एक कंडक्टर फ्लक्स के चुंबकीय क्षेत्र में समकोण पर चलता है घनत्व 1 टेस्ला 12.5 मीटर/सेकेंड के वेग के साथ। कंडक्टर में प्रेरित ईएमएफ होगा होना

(ए) 10 वी

(6) 15 वी

(सी) 25V

(डी) 50 वी

30. लेन्ज का नियम किसके संरक्षण के नियम का परिणाम है?

(ए) प्रेरित वर्तमान

(बी) चार्ज

(सी) ऊर्जा

(डी) प्रेरित ईएमएफ

31. एक चालक 60° से कम के 125 ऐम्पियर धारा को 1.1 . के चुंबकीय क्षेत्र में ले जाता है

टेस्ला कंडक्टर पर बल होगा

लगभग

(ए) 50 एन

(बी) 120 एन

(सी) 240 एन

(डी) 480 एन

32. 50 एम्पीयर की धारा ले जाने वाले 3 मीटर लंबे कंडक्टर पर लगने वाले बल का पता लगाएं

0.67 टेस्ला के फ्लक्स घनत्व वाले चुंबकीय क्षेत्र के समकोण पर।

(ए) 100 एन

(बी) 400 एन

(सी) 600 एन

(डी) 1000 एन

33. दो एयर कोर कॉइल के बीच युग्मन का गुणांक निर्भर करता है

(ए) केवल दो कुंडलियों का स्व-प्रेरकत्व

(बी) केवल दो कॉइल के बीच पारस्परिक अधिष्ठापन

(सी) <u>दोकॉइल्सकापारस्परिकअधिष्ठापनऔरस्वयंअधिष्ठापन</u>

(डी) उपरोक्त में से कोई नहीं

34. एक 250 फेरों वाली परिनालिका में 10 V का औसत वोल्टेज प्रेरित होता है a . के परिणामस्वरूप

प्रवाह में परिवर्तन जो 0.5 सेकंड में होता है। कुल प्रवाह परिवर्तन है

(ए) 20 डब्ल्यूबी

(बी) 2 डब्ल्यूबी

(सी) 0.2 डब्ल्यूबी

(डी) <u>0.02 डब्ल्यूबी</u>

35. एक 500 टर्न सोलनॉइड 60 वी का औसत प्रेरित वोल्टेज विकसित करता है। किससे अधिक

इस तरह के वोल्टेज का उत्पादन करने के लिए समय अंतराल में 0.06 Wb का फ्लक्स परिवर्तन होना चाहिए?

(ए) 0.01 एस

(बी) 0.1 एस

(सी) <u>0.5 एस</u>

(डी) 5 एस

36. हल चलाने वाले प्रारंभ करनेवाला में से किसमें एडी करंट का नुकसान सबसे कम होगा?

(ए) <u>एयरकोर</u>

(बी) टुकड़े टुकड़े में लौह कोर

(सी) आयरन कोर

(डी) पाउडर लौह कोर

37. जब धारा 1 A/s की दर से बदलती है तो एक कुण्डली 350 mV प्रेरित करती है। अधिष्ठापन का मूल्य है

(ए) 3500 एमएच

(बी) <u>350 एमएच</u>

(सी) 250 एमएच

(डी) 150 एमएच

38. परस्पर युग्मन के बिना श्रृंखला में दो 300 uH कॉइल का कुल अधिष्ठापन है

(ए) 300 यूएच

(बी) <u>600 यूएच</u>

(सी) 150 यूएच

(डी) 75 यूएच

39. एक सेकण्ड में 8 A से 12 A में परिवर्तित होने वाली धारा एक कुण्डली में 20 वोल्ट प्रेरित करती है।

अधिष्ठापन का मान है

(ए) 5 एमएच

(बी) 10 एमएच

(सी) <u>5 एच</u>

(डी) 10 एच

40. कौन सा सर्किट तत्व सर्किट करंट में बदलाव का विरोध करेगा?

(ए) केवल प्रतिरोध

(बी) <u>केवलअधिष्ठापन</u>

(सी) केवल समाई

(डी) अधिष्ठापन और समाई

41. एक प्रारंभ करनेवाला के चुंबकीय पथ में दरार का परिणाम होगा

(ए) अपरिवर्तित अधिष्ठापन

(बी) अधिष्ठापन में वृद्धि

(सी) शून्य अधिष्ठापन

(डी) <u>कमअधिष्ठापन</u>

42. लोहे की कोर पर एक कुंडल घाव है जो वर्तमान I को वहन करता है। स्व-प्रेरित वोल्टेज

कुंडल में से प्रभावित नहीं होता है

(ए) कॉइल करंट में भिन्नता

(बी) <u>कॉइलमेंवोल्टेजमेंभिन्नता</u>

(सी) कुंडल के घुमावों की संख्या में परिवर्तन

(डी) चुंबकीय पथ का प्रतिरोध

1. कोर के टुकड़े आम तौर पर बने होते हैं

(ए) केस आयरन

(बी) कार्बन

(सी) <u>सिलिकॉनस्टील</u>

(डी) स्टेनलेस स्टील

2. निम्नलिखित में से कौन लैमिना हो सकता है - डीसी मशीन के लेमिनेशन की मोटाई लगभग?

(ए) 0.005 मिमी

(बी) 0.05 मिमी

(सी) <u>0.5 एम</u>

(डी) 5 एम

3. डीसी जनरेटर के आर्मेचर को लेमिनेट किया जाता है

(ए) थोक को कम करें

(बी) थोक प्रदान करें

(सी) कोर को इन्सुलेट करें

(डी) <u>एडीवर्तमाननुकसानकोकमकरें</u>

4. आर्मेचर वाइंडिंग का प्रतिरोध निर्भर करता है

(ए) कंडक्टर की लंबाई

(बी) कंडक्टर का क्रॉस-सेक्शनल क्षेत्र

(सी) कंडक्टरों की संख्या

(डी) <u>उपरोक्तसभी</u>

5. डीसी जनरेटर के फील्ड कॉइल आमतौर पर बने होते हैं

(ए) अभ्रक

(बी) <u>तांबा</u>

(सी) कच्चा लोहा

(डी) कार्बन

6. कम्यूटेटर खंड आर्मेचर कंडक्टरों से किसके माध्यम से जुड़े होते हैं?

(ए) <u>कॉपरलग्स</u>

(बी) प्रतिरोध तार

(सी) इन्सुलेशन पैड

(डी) टांकना

7. एक कम्यूटेटर में

(ए) तांबा अभ्रक से कठिन है

(बी) अभ्रक और तांबा समान रूप से कठोर हैं

(सी) <u>अभ्रकतांबेकीतुलनामेंकठिनहै</u>

(डी) उपरोक्त में से कोई नहीं

8. डीसी जेनरेटर में पोल शूज को पोल कोर से बांधा जाता है

(ए) रिवेट्स

(बी) <u>काउंटरड्ूबशिकंजा</u>

(सी) टांकना

(डी) वेल्डिंग

9. प्रेरित ईएमएफ की दिशा खोजने के लिए फ्लेमिंग के दाहिने हाथ के नियम के अनुसार, जब मध्यमा उंगली प्रेरित ईएमएफ की दिशा में इंगित करती है, तो तर्जनी किस दिशा में इंगित करेगी

(ए) कंडक्टर की गति

(बी) <u>बलकीरेखाएं</u>

(सी) उपरोक्त में से कोई भी

(डी) उपरोक्त में से कोई नहीं

10. प्रेरित ईएमएफ की दिशा के संबंध में फ्लेमिंग का दाहिना हाथ नियम, सहसंबंधित करता है

(ए) चुंबकीय प्रवाह, वर्तमान प्रवाह की दिशा और परिणामी बल

(बी) <u>चुंबकीयप्रवाह, गतिकीदिशाऔरप्रेरितईएमएफकीदिशा</u>

(सी) चुंबकीय क्षेत्र की ताकत, प्रेरित वोल्टेज और वर्तमान

(डी) चुंबकीय प्रवाह, बल की दिशा और कंडक्टर की गति की दिशा

11. फ्लेमिंग के दाहिने हाथ के नियम को और प्रेरित विद्युत वाहक बल की दिशा पर लागू करते समय, अंगूठा किस ओर इंगित करता है?

(ए) प्रेरित ईएमएफ की दिशा

(बी) प्रवाह की दिशा

(सी) कंडक्टर की गति की दिशा यदि तर्जनी उत्पन्न ईएमएफ की दिशा में इंगित करती है

(डी) <u>कंडक्टरकीगतिकीदिशा, यदितर्जनीप्रवाहकीरेखाओंकेसाथइंगितकरतीहै</u>

12. रोटर शाफ्ट का समर्थन करने के लिए उपयोग की जाने वाली बीयरिंग आम तौर पर होती हैं

(ए) <u>बॉलबेयरिंग</u>

(बी) बुश बीयरिंग

(सी) चुंबकीय भालू

(डी) सुई बीयरिंग

13. डीसी जनरेटर में, तेजी से ब्रश पहनने का कारण हो सकता है

(ए) गंभीर स्पार्किंग

(बी) किसी न किसी कम्यूटेटर सतह

(सी) अपूर्ण संपर्क

(डी) <u>उपरोक्तमेंसेकोईभी</u>

14. लैप वाइंडिंग में ब्रशों की संख्या हमेशा होती है

(ए) ध्रुवों की संख्या दोगुनी

(बी) <u>ध्रुवोंकीसंख्याकेसमान</u>

(सी) ध्रुवों की आधी संख्या

(डी) दो

15. एक डीसी जनरेटर के लिए जब डंडे की संख्या और आर्मेचर कंडक्टर की संख्या तय की जाती है, तो कौन सी वाइंडिंग उच्च ईएमएफ देगी?

(ए) गोद घुमावदार

(बी) <u>वेववाइंडिंग</u>

(सी) उपरोक्त (ए) और (बी) में से कोई भी

(डी) डिजाइन की अन्य विशेषताओं पर निर्भर करता है

16. चार-पोल डीसी मशीन में

(ए) सभी चार ध्रुव उतरी ध्रुव हैं

(बी) <u>वैकल्पिकध्रुवउतरऔरदक्षिणहैं</u>

(सी) सभी चार ध्रुव दक्षिणी ध्रुव हैं

(डी) दो उत्तरी ध्रुव दो दक्षिणी ध्रुवों का पालन करते हैं

17. DC मशीन में कॉपर ब्रश का प्रयोग किया जाता है

(ए) <u>जहांकमवोल्टेजऔरउच्चधाराएंशामिलहैं</u>

(बी) जहां उच्च वोल्टेज और छोटे करंट शामिल हैं

(सी) उपरोक्त दोनों मामलों में

(डी) उपरोक्त मामलों में से कोई नहीं

18. स्व-उत्तेजित जनरेटर की तुलना में एक अलग से उत्साहित जनरेटर

(ए) बेहतर वोल्टेज नियंत्रण के लिए उतरदायी है

(बी) अधिक स्थिर है

(सी) लोड वर्तमान से स्वतंत्र रोमांचक वर्तमान है

(डी) <u>उपरोक्तसभीविशेषताएंहैं</u>

19. डीसी मशीनों के मामले में, यांत्रिक नुकसान प्राथमिक कार्य हैं

(एक लहर

(बी) वोल्टेज

(सी) <u>गति</u>

(डी) उपरोक्त में से कोई नहीं

20. एक डीसी मशीन में लोहे की हानि भिन्नता से स्वतंत्र होती है

(ए) गति

(बी) <u>लोड</u>

(सी) वोल्टेज

(डी) गति और वोल्टेज

21. डीसी जनरेटर में आर्मेचर से बाहरी सर्किट को करंट दिया जाता है

(ए) <u>कम्यूटेटर</u>

(बी) ठोस कनेक्शन

(सी) पर्ची के छल्ले

(डी) उपरोक्त में से कोई नहीं

23. DC मशीनों के ब्रश किसके बने होते हैं?

(ए) <u>कार्बन</u>

(बी) नरम तांबा

(सी) कठोर तांबा

(डी) उपरोक्त सभी

24. यदि B फ्लक्स घनत्व है, I कंडक्टर की लंबाई और v का वेग है
कंडक्टर, फिर प्रेरित ईएमएफ द्वारा दिया जाता है

(ए) <u>ब्लाव</u>

(बी)बीएलवी2

(सी) BL2v

(डी) BL2v2

25. एक 4-पोल डीसी जनरेटर के मामले में सोलह कॉइल के साथ दो लेयर लैप वाइंडिंग
के साथ, पोल पिच होगा

(ए) 4

(बी) <u>8</u>

(सी) 16

(डी) 32

26. कम्यूटेटर ब्रश के लिए सामग्री आम तौर पर होती है

(ए) अभ्रक

(बी) तांबा

(सी) कच्चा लोहा

(डी) <u>कार्बन</u>

27. कम्यूटेटर खंडों के बीच प्रयुक्त इन्सुलेट सामग्री सामान्य रूप से होती है

(ए) ग्रेफाइट

(बी) कागज

(सी) <u>अभ्रक</u>

(डी) इन्सुलेट वार्निश

28. डीसी जनरेटर में, कम्यूटेटर पर ब्रश कंडक्टर के संपर्क में रहते हैं जो

(ए) दक्षिणी ध्रुव के नीचे स्थित है

(बी) उत्तरी ध्रुव के नीचे स्थित है

(सी) इंटरपोलरक्षेत्रकेअंतर्गतस्थितहै

(डी) ध्रुवों से सबसे दूर हैं

29. यदि इन ब्रशों को अंदर लाने के लिए डीसी जनरेटर के ब्रशों को स्थानांतरित किया जाता है

चुंबकीय तटस्थ अक्ष, होगा

(ए) केवल विमुद्रीकरण

(बी) क्रॉस मैग्नेटाइजेशन के साथ-साथ मैग्नेटाइजेशन

(सी) क्रॉसमैग्नेटाइजेशनकेसाथ-साथडिमैग्नेटाइजिंग

(डी) केवल क्रॉस चुंबकीयकरण

30. एक असंतृप्त डीसी मशीन की आर्मेचर प्रतिक्रिया है

(ए) क्रॉसमैग्नेटाइजिंग

(बी) demagnetizing

(सी) चुंबकीय

(डी) उपरोक्त में से कोई नहीं

31. डीसी जनरेटर बसबारों से जुड़े होते हैं या केवल फ्लोटिंग स्थिति के तहत उनसे डिस्कनेक्ट होते हैं

(ए) प्राइममूवर के अचानक लोड होने से बचने के लिए

(बी) शाफ्ट को यांत्रिक झटके से बचने के लिए

(सी) स्विच संपर्कों को जलाने से बचने के लिए

(डी) उपरोक्तसभी

32. डीसी मशीन के पोल जूतों में एडी धाराएं प्रेरित होती हैं

(ए) चुंबकीय क्षेत्र दोलन

(बी) चुंबकीय प्रवाह को स्पंदित करना

(सी) क्षेत्रऔरआर्मेचरकेबीचसापेक्षरोटेशन

(डी) उपरोक्त सभी

34. आर्मेचर के मामले में इक्विलाइज़र रिंग की आवश्यकता होती है

(ए) लहर घाव

(बी) गोदघाव

(सी) डेल्टा घाव

(डी) डुप्लेक्स घाव

35. वेल्डिंग जनरेटर होगा

(ए) गोदघुमावदार

(बी) तरंग घुमावदार

(सी) डेल्टा घुमावदार

(डी) डुप्लेक्स वेव वाइंडिंग

36. डीसी मशीन वाइंडिंग के मामले में, कम्यूटेटर सेगमेंट की संख्या बराबर है

(ए) <u>आर्मेचरकॉइल्सकीसंख्या</u>

(बी) आर्मेचर कॉइल पक्षों की संख्या

(सी) आर्मेचर कंडक्टर की संख्या

(डी) आर्मेचर घुमावों की संख्या

37. डीसी मशीन प्रयोगशाला के लिए निम्नलिखित प्रकार की डीसी आपूर्ति उपयुक्त होगी:

(ए) रोटरी कनवर्टर

(बी) पारा दिष्टकारी हैं

(सी) <u>प्रेरणमोटरडीसीजनरेटरसेट</u>

(डी) तुल्यकालिक मोटर डीसी जनरेटर सेट

38. DC मशीन में पोल शूज का कार्य है

(ए) चुंबकीय पथ की अनिच्छा को कम करने के लिए

(बी) समान प्रवाह घनत्व प्राप्त करने के लिए प्रवाह को फैलाने के लिए

(सी) फील्ड कॉइल का समर्थन करने के लिए

(डी) <u>उपरोक्तसभीकार्योंकानिर्वहनकरनेकेलिए</u>

उत्तर: डी

39. लैप वाइंडिंग के मामले में परिणामी पिच है

(ए) आगे और पीछे की पिचों का गुणन

(बी) पीछे की पिच द्वारा सामने की पिच का विभाजन

(सी) आगे और पीछे की पिचों का योग

(डी) <u>आगेऔरपीछेकीपिचोंकाअंतर</u>

40. एक डीसी वेल्डिंग जनरेटर है

(ए) <u>गोदघुमावदार</u>

(बी) तरंग चलती

(सी) डुप्लेक्स घुमावदार

(डी) उपरोक्त में से कोई भी

41. डीसी जनरेटर के बारे में निम्नलिखित में से कौन सा कथन गलत है?

(ए) डीसी मशीन में घुमावदार मुआवजा कम्यूटेशन में मदद करता है

(बी) डीसी जनरेटर में इंटरपोल वाइंडिंग को आर्मेचर वाइंडिंग के साथ श्रृंखला में जोड़ा जाता है

(सी) पिछली पिच और सामने की पिच दोनों विषम और लगभग ध्रुव पिच के बराबर हैं

(डी)

<u>डीसीशंटजनरेटरकेसमानांतरचलनेकेसाथइक्विलाइजिंगबसबारकाउपयोगकियाजाताहै</u>

42. डीसी जनरेटर में आर्मेचर प्रतिक्रिया का विचुंबकीय घटक

(ए) <u>जनरेटरईएमएफकोकमकरताहै</u>

(बी) आर्मेचर गति बढ़ाता है

(सी) इंटरपोल फ्लक्स घनत्व कम कर देता है

(डी) स्पार्किंग परेशानी में परिणाम

43. डीसी जनरेटर में चुंबकीय क्षेत्र किसके द्वारा उत्पादित किया जाता है

(ए) <u>विद्युतचुंबक</u>

(बी) स्थायी चुंबक

(सी) दोनों (ए) और (बी)

(डी) उपरोक्त में से कोई नहीं

44. कम्यूटेटर में ब्रशों की संख्या निर्भर करती है

(ए) आर्मेचर की गति

(बी) घुमावदार का प्रकार

(सी) वोल्टेज

(डी) <u>एकत्रकीजानेवालीवर्तमानकीराशि</u>

45. डीसी जनरेटर में क्षतिपूर्ति वाइंडिंग का उपयोग किया जाता है

(ए) मुख्य रूप से स्थानीय शॉर्ट-सर्किट प्रदान करके एड़ी धाराओं को कम करने के लिए

(बी) ठंडी हवा के संचलन के लिए मार्ग प्रदान करने के लिए

(सी) <u>आर्मेचरप्रतिक्रियाकेक्रॉस-चुंबकीयप्रभावकोबेअसरकरनेकेलिए</u>

(डी) उपरोक्त में से कोई नहीं

46. डीसी के निम्नलिखित में से कौन सा घटक, जनरेटर के लिए महत्वपूर्ण भूमिका निभाता है

एक डीसी जनरेटर की प्रत्यक्ष धारा प्रदान करना?

(ए) डमी कॉइल

(बी) <u>कम्यूटेटर</u>

(सी) आई बोल्ट

(डी) इक्विलाइज़र के छल्ले

47. एक डीसी जनरेटर में उत्पन्न प्रत्यक्ष ईएमएफ में तरंगों को कम किया जाता है

(ए) एनील्ड कॉपर के कंडक्टर का उपयोग करना

(बी) बड़ी संख्या में खंडों के साथ कम्यूटेटर का उपयोग करना

(सी) <u>बेहतरगुणवत्ताकेकार्बनब्रशकाउपयोगकरना</u>

(डी) इक्विलाइज़र के छल्ले का उपयोग करना

48. DC जनरेटर में लैप वाइंडिंग का प्रयोग किसके लिए किया जाता है?

(ए) उच्च वोल्टेज, उच्च वर्तमान

(बी) कमवोल्टेज, उच्चवर्तमान

(सी) उच्च वोल्टेज, कम वर्तमान

(डी) कम वोल्टेज, कम वर्तमान

49. दो जनरेटर A और B में प्रत्येक में 6-पोल हैं। जेनरेटर ए में वेव वाउंड आर्मेचर है जबकि जेनरेटर बी में लैप वाउंड आर्मेचर है। प्रेरित ईएमएफ का अनुपात जनरेटर ए और बी होगा

(ए) 2: 3

(बी) 3: 1

(सी) 3: 2

(डी) 1: 3

50. निम्न में से किस प्रकार के ब्रश के लिए वोल्टेज ड्रॉप कम से कम होने की उम्मीद की जा सकती है?

(ए) ग्रेफाइट ब्रश

(बी) कार्बन ब्रश

(सी) धातुग्रेफाइटब्रश

(डी) उपरोक्त में से कोई नहीं

51. एक शंट घाव डीसी जनरेटर द्वारा उत्पन्न ईएमएफ है ई। अब जबकि पोल फ्लक्स स्थिर रहता है, यदि जनरेटर की गति दोगुनी कर दी जाती है, तो उत्पन्न ईएमएफ होगा

(ए) ई / 2

(बी) 2ई

(सी) ई . से थोड़ा कम

(डे

53. डीसी जनरेटर का आर्मेचर कोर आमतौर पर बना होता है

(ए) सिलिकॉनस्टील

(बी) तांबा

(सी) अलौह सामग्री

(डी) कच्चा लोहा

54. डीसी मशीनों के संतोषजनक कम्यूटेशन की आवश्यकता है

(ए) ब्रश उचित ग्रेड और आकार का होना चाहिए

(बी) धारकों में ब्रश सुचारू रूप से चलना चाहिए

(सी) चिकनी, गाढ़ा कम्यूटेटर ठीक से अंडरकट

(डी) <u>उपरोक्तसभी</u>

54ए. डीसी मशीन का ओपन सर्कुलेटेड आर्मेचर कॉइल है

(ए) कम्यूटेटर सेगमेंट के स्कारिंग द्वारा पहचाना जाता है जिससे ओपन सर्कुलेटेड कॉइल जुड़ा होता है

(बी) पूरी तरह से कम्यूटेटर के चारों ओर एक चिंगारी द्वारा इंगित किया गया

(सी) <u>दोनों (ए) और (बी)</u>

(डी) उपरोक्त में से कोई नहीं

56. दो या दो से अधिक डीसी यौगिक जनरेटर के समानांतर संचालन के लिए, हम सुनिश्चित करना चाहिए कि

(ए) आने वाले जनरेटर का वोल्टेज बस बार के समान होना चाहिए

(बी) आने वाले जनरेटर की ध्रुवीयता बस बार के समान होनी चाहिए

(सी) सभी श्रृंखला क्षेत्रों को इक्विलाइज़र कनेक्शन के माध्यम से समानांतर में चलाया जाना चाहिए

(डी)

<u>सभीजनरेटरकेश्रृंखलाक्षेत्रयातोसकारात्मकपक्षयाआर्मेचरकेनकारात्मकपक्षपरहोनेचाहिए</u>

57. डीसी श्रृंखला जनरेटर का उपयोग किया जाता है

(ए) कर्षण लोड की आपूर्ति करने के लिए

(बी) निरंतर वोल्टेज पर औद्योगिक भार की आपूर्ति करने के लिए

(सी) <u>फीडरकेटॉडएंडपरवोल्टेज</u>

(डी) उपरोक्त किसी भी उद्देश्य के लिए नहीं

58. निम्नलिखित डीसी जनरेटर ध्रुवों में किसी भी अवशिष्ट चुंबकत्व के बिना निर्माण करने की स्थिति में होंगे

(ए) श्रृंखला जनरेटर

(बी) शंट जनरेटर

(सी) यौगिक जनरेटर

(डी) <u>स्वयंउत्साहितजनरेटर</u>

59. इंटरपोल फ्लक्स पर्याप्त होना चाहिए

(ए) कम्यूटेटिंग स्व-प्रेरित ईएमएफ को बेअसर करना

(बी) आर्मेचर प्रतिक्रिया प्रवाह को बेअसर करना

(सी)

<u>कॉइलमेंप्रेरितआर्मेचररिएक्शनफ्लक्सऔरसाथहीकम्यूटेटिंगईएमएफदोनोंकोबेअसरकरताहै</u>

(डी) उपरोक्त में से कोई भी कार्य नहीं करता है

60. आम तौर पर ऑटोमोबाइल बैटरी चार्ज करने के लिए डीसी जनरेटर को प्राथमिकता दी जाती है

(ए) श्रृंखला जनरेटर

(बी) शंट जनरेटर

(सी) लंबेशंटयौगिकजनरेटर

(डी) उपरोक्त में से कोई भी

61. एक डीसी जनरेटर में यांत्रिक डिग्री और विद्युत डिग्री की संख्या समान होगी जब

(ए) आरपीएम 300 . से अधिक है

(बी) आरपीएम 300 . से कम है

(सी) ध्रुवों की संख्या 4 . है

(डी) ध्रुवोंकीसंख्या 2 . है

62. Permeance का व्युत्क्रम है

(ए) प्रवाह घनत्व

(बी) अनिच्छा

(सी) एम्पीयर-मोड़

(डी) प्रतिरोध

63. डीसी जनरेटर में इंटरपोल की ध्रुवीयता

(ए) आगेमुख्यध्रुवकेसमानहै

(बी) ठीक पूर्ववर्ती ध्रुव के समान है

(सी) आगे मुख्य ध्रुव के विपरीत है

(डी) तटस्थ है क्योंकि ये ध्रुव ईएमएफ उत्पन्न करने में भाग नहीं लेते हैं

64. डीसी जनरेटर में उत्पन्न ईएमएफ सीधे आनुपातिक है

(ए) प्रवाह / ध्रुव

(बी) आर्मेचरकीगति

(सी) ध्रुवों की संख्या

(D) उपरोक्त सभी

65. एक डीसी जनरेटर में चुंबकीय तटस्थ अक्ष ज्यामितीय तटस्थ अक्ष के साथ मेल खाता है, जब

(ए) कोईलोडनहींहै|वहजनरेटर

(बी) जनरेटर पूर्ण भार पर चलता है

(सी) जनरेटर ओवरलोड पर चलता है

(डी) जनरेटर डिज़ाइन की गई गति पर चलता है

66. ब्रश पर स्पार्किंग को कम करने के लिए एक डीसी जनरेटर में, कॉइल में स्व-प्रेरित ईएमएफ को निम्नलिखित में से सभी को छोड़कर बेअसर कर दिया जाता है

(ए) इंटरपोल

(बी) डमीकॉइल्स

(सी) घुमावदार क्षतिपूर्ति

(डी) ब्रश की धुरी का स्थानांतरण

67. डीसी जनरेटर में नो-लोड पर, अंतरिक्ष में एयर गैप फ्लक्स वितरण है

(ए) साइनसोइडल

(बी) त्रिकोणीय

(सी) स्पंदन

(डी) <u>फ्लैटटॉप</u>

68. 1000 आरपीएम पर चलने वाले एक शंट जनरेटर ने 200 वी के रूप में ईएमएफ उत्पन्न किया है। यदि गति 1200 आरपीएम तक बढ़ जाती है, तो उत्पन्न ईएमएफ लगभग होगा

(ए) 150 वी

(बी) 175 वी

(सी) <u>240 वी</u>

(डी) 290 वी

69. एक जनरेटर में डमी कॉइल प्रदान करने का उद्देश्य है

(ए) एड़ी के मौजूदा नुकसान को कम करने के लिए

(बी) प्रवाह घनत्व बढ़ाने के लिए

(सी) वोल्टेज बढ़ाना

(डी) <u>रोटरकेलिएयांत्रिकसंतुलनप्रदानकरनेकेलिए</u>

1. निम्नलिखित में से किस मोटर की नो-लोड गति उच्चतम होगी?

(ए) शंट मोटर

(बी) <u>सीरीजमोटर</u>

(सी) संचयी यौगिक मोटर

(डी) यौगिक मोटर को अलग करें

2. डीसी श्रृंखला मोटर के घूर्णन की दिशा को किसके द्वारा बदला जा सकता है

(ए) आपूर्ति टर्मिनलों का आदान-प्रदान

(बी) <u>फील्डटर्मिनलोंकाआदान-प्रदान</u>

(सी) उपरोक्त (ए) और (बी) में से कोई भी

(डी) उपरोक्त में से कोई नहीं

3. निम्नलिखित में से किस एप्लिकेशन को उच्च प्रारंभिक टोक़ की आवश्यकता होती है?

(ए) खराद मशीन

(बी) केन्द्रापसारक पम्प

(सी) <u>लोकोमोटिव</u>

(डी) एयर ब्लोअर

4. यदि कन्वेयर के लिए एक डीसी मोटर का चयन किया जाना है, तो कौन सा दंगा पसंद किया जाएगा?

(ए) <u>सीरीजमोटर</u>

(बी) शंट मोटर

(सी) डिफरेंशियल कंपाउंड मोटर

(डी) संचयी यौगिक मोटर

5. मशीन टूल्स के लिए कौन सी डीसी मोटर को प्राथमिकता दी जाएगी?

(ए) सीरीज मोटर

(बी) <u>शंटमोटर</u>

(सी) संचयी यौगिक मोटर

(डी) डिफरेंशियल कंपाउंड मोटर

6. डिफरेंशियल कंपाउंड डीसी मोटर्स को आवश्यक एप्लिकेशन मिल सकते हैं

(ए) उच्च प्रारंभिक टोक़

(बी) <u>कमप्रारंभिकटोक़</u>

(सी) परिवर्तनीय गति

(डी) लगातार ऑन-ऑफ चक्र

7. लिफ्ट के लिए कौन सी डीसी मोटर पसंद की जाती है?

(ए) शंट मोटर

(बी) सीरीज मोटर

(सी) डिफरेंशियल कंपाउंड मोटर

(डी) <u>संचयीयौगिकमोटर</u>

8. फ्लेमिंग के बाएं हाथ के नियम के अनुसार, जब तर्जनी क्षेत्र या प्रवाह की दिशा में इंगित करती है, तो मध्यमा उंगली किस दिशा में इंगित करेगी

(ए) <u>कंडक्टरमेंवर्तमानकंडक्टरके aovtaat</u>

(सी) कंडक्टर पर परिणामी बल

(डी) उपरोक्त में से कोई नहीं

9. यदि मोटर के चलने के दौरान डीसी शंट मोटर का क्षेत्र खुल जाता है

(ए) मोटर की गति% कम हो जाएगी

(बी) आर्मेचर करंट कम हो जाएगा

(सी) <u>मोटरखतरनाकरूपसेउच्चगतिप्राप्तकरेगा 1</u>

(डी) मोटर निरंतर गति को जारी रखेगा

10. डीसी मोटर्स के साथ स्टार्टर्स का उपयोग किया जाता है क्योंकि

(ए) इन मोटरों में उच्च प्रारंभिक टोक़ होता है

(बी) ये मोटर स्वयं शुरू नहीं हैं

(सी) इन मोटरों का बैक ईएमएफ शुरू में शून्य है

(डी)

आर्मेचरकरंटकोप्रतिबंधितकरनेकेलिएक्योंकिस्टार्टकरतेसमयकोईबैकईएमएफनहींहोताहै

11. डीसी शंट मोटर्स में लोड कम होने पर

(ए) गति अचानक बढ़ जाएगी

(बी) भार में कमी के अनुपात में गति में वृद्धि होगी

(सी) गतिलगभग / स्थिररहेगी

(डी) गति कम हो जाएगी

12. एक डीसी श्रृंखला मोटर वह है जो

(ए) इसकीफील्डवाइंडिंगहैजिसमेंमोटेतारऔरकममोड़होतेहैं

(बी) एक खराब टोक़ है

(सी) बिना लोड के आसानी से शुरू किया जा सकता है

(डी) लगभग स्थिर गति है

13. डीसी मोटर शुरू करने के लिए स्टार्टर की आवश्यकता होती है क्योंकि

(ए) यह मोटर की गति को सीमित करता है

(बी) यहप्रारंभिकधाराकोएकसुरक्षितमूल्यतकसीमितकरताहै

(सी) यह मोटर शुरू करता है

(डी) उपरोक्त में से कोई नहीं

14. कतरनी और घूंसे के लिए प्रयुक्त डीसी मोटर का प्रकार है

(ए) शंट मोटर

(बी) श्रृंखला मोटर

(सी) डिफरेंशियल कंप्यूटिड डीसी मोटर

(डी) संचयीयौगिकडीसीमोटर

15. यदि डीसी मोटर को एसी आपूर्ति से जोड़ा जाता है तो यह होगा

(ए) सामान्य गति से दौड़ें

(बी) नहीं भागो

(सी) कम गति से दौड़ें

(डी) .eddy धाराओंद्वाराघुमावदारक्षेत्रमेंउत्पन्नगर्मीकेकारणजलताहै

16. डीसी की गति प्राप्त करने के लिए विद्युत ऊर्जा की बर्बादी के बिना सामान्य से नीचे की मोटर का उपयोग किया जाता है।

(ए) वाईलियोनार्डनियंत्रण

(बी) रिओस्टेटिक नियंत्रण

(सी) उपरोक्त विधि में से कोई भी

(डी) उपरोक्त विधि में से कोई नहीं

17. जब दो डीसी श्रृंखला मोटर समानांतर में जुड़े होते हैं, तो परिणामी गति होती है

(ए) सामान्य गति से अधिक

(बी) सामान्य गति से नुकसान

(सी) सामान्यगति

(डी) शून्य

18. एक डीसी शंट मोटर की गति उसकी पूर्ण-लोड गति से अधिक प्राप्त की जा सकती है

(ए) क्षेत्रवर्तमानघटाना

(बी) क्षेत्र वर्तमान बढ़ाना

(सी) आर्मेचर वर्तमान घटाना

(डी) आर्मेचर वर्तमान बढ़ाना

19. एक डीसी शंट मोटर में, गति होती है

(ए) आर्मेचरकरंटसेस्वतंत्र

(बी) आर्मेचर धारा के सीधे आनुपातिक

(c) धारा के वर्ग के समानुपाती

(डी) आर्मेचर धारा के व्युत्क्रमानुपाती

20. एक डायरेक्ट ऑन लाइन स्टार्टर का उपयोग किया जाता है: मोटर्स शुरू करने के लिए

(ए) 5 एचपीतक

(बी) 10 एचपी तक

(सी) 15 एचपी तक

(डी) 20 एचपी तक

21. यदि डीसी मोटर का पिछला ईएमएफ अचानक गायब हो जाए तो क्या होगा?

(ए) मोटर बंद हो जाएगी

(बी) मोटर चलती रहेगी

(सी) आर्मेचरजलसकताहै

(डी) मोटर शोर चलेगा

22. डीसी शंट मोटर्स के मामले में गति केवल बैक ईएमएफ पर निर्भर है क्योंकि

(ए) बैक ईएमएफ आर्मेचर ड्रॉप के बराबर है

(बी) आर्मेचर ड्रॉप नगण्य है

(सी) फ्लक्स आर्मेचर करंट के समानुपाती होता है

(डी) डी: सीमेंप्रवाहव्यावहारिकरूपसेस्थिरहै।शंटमोटर्स

23. एक डीसी शंट मोटर में अधिकतम शक्ति की शर्तों के तहत आर्मेचर में करंट होगा

(ए) लगभग नगण्य

(बी) रेटेड फुल-लोड करंट

(सी) पूर्ण लोड वर्तमान से कम

(डी) <u>पूर्णलोडवर्तमानसेअधिक</u>

24. इन दिनों डीसी मोटर्स का व्यापक रूप से उपयोग किया जाता है

(ए) पंपिंग सेट

(बी) एयर कम्प्रेसर

(सी) <u>विद्युतकर्षण</u>

(डी) मशीन की दुकानें

25. मोटर के किस भाग को देखकर यह आसानी से पुष्टि की जा सकती है कि एक विशेष मोटर डीसी मोटर है?

(चौखटा

(बी) दस्ता

(सी) <u>कम्यूटेटर</u>

(डी) स्टेटर

26. निम्नलिखित में से किस अनुप्रयोग में DC श्रृंखला मोटर का निरपवाद रूप से परीक्षण किया जाता है?

(ए) <u>एककारकेलिएस्टार्टर</u>

(बी) पानी पंप के लिए ड्राइव

(सी) फैन मोटर

(डी) एसी या डीसी में मोटर संचालन

27. डीसी मशीनों में भिन्नात्मक पिच वाइंडिंग का उपयोग किया जाता है

(ए) शीतलन में सुधार करने के लिए

(बी) तांबे के नुकसान को कम करने के लिए

(सी) उत्पन्न ईएमएफ को बढ़ाने के लिए

(डी) <u>स्पार्किंगकोकमकरनेकेलिए</u>

28. थ्री पॉइंट स्टार्टर किसके लिए उपयुक्त माना जाता है?

(ए) शंट मोटर्स

(बी) <u>शंटकेसाथ-साथमिश्रितमोटर्स</u>

(सी) शंट, यौगिक और श्रृंखला मोटर

(डी) सभी डीसी मोटर्स

29. मामले में- डीसी मोटर के लिए अधिकतम शक्ति की शर्तें स्थापित की जाती हैं, मोटर की दक्षता होगी

(ए) 100%

(बी) लगभग 90%

(सी) कहीं भी 75% और 90% के बीच

(डी) <u>50% सेकम</u>

30. आरंभिक आघूर्ण से पूर्ण भार आघूर्ण का अनुपात के मामले में सबसे कम होता है

(ए) श्रृंखला मोटर्स

(बी) <u>शंटमोटर्स</u>

(सी) यौगिक मोटर्स

(डी) उपरोक्त में से कोई नहीं

31. डीसी मोटर में निम्नलिखित में से कौन अधिकतम तापमान वृद्धि को बनाए रख सकता है?

(ए) पर्ची के छल्ले

(बी) कम्यूटेटर

(सी) <u>फील्डघुमावदार</u>

(डी) आर्मेचर वाइंडिंग

33. डीसी मोटर के घूर्णन की दिशा निर्धारित करने के लिए वह निम्नलिखित में से किस नियम/नियम का उपयोग कर सकता है?

(ए) लेनज़ का कानून

(बी) फैराडे का कानून

(सी) कोलंब का कानून

(डी) <u>फ्लेमिंगकेबाएंहाथकानियम</u>

34. निम्नलिखित में से किस लोड को सामान्य रूप से रेटेड टॉर्क से अधिक स्टार्टिंग टॉर्क की आवश्यकता होती है?

(ए) ब्लोअर

(बी) <u>कन्वेयर</u>

(सी) एयर कंप्रेसर

(डी) केन्द्रापसारक पंप

35. एक डीसी मोटर का प्रारंभिक प्रतिरोध आम तौर पर होता है

(ए) <u>कम</u>

(बी) लगभग 500 क्यू

(सी) 1000 क्यू

(डी) असीम रूप से बड़ा

36. डीसी श्रृंखला मोटर की गति है

(ए) आर्मेचर करंट के समानुपाती

(बी) आर्मेचर धारा के वर्ग के समानुपाती

(सी) क्षेत्र वर्तमान के आनुपातिक

(डी) <u>आर्मेचरधाराकेव्युत्क्रमानुपाती</u>

37. डीसी श्रृंखला मोटर में, यदि आर्मेचर धारा 50% कम हो जाती है, तो मोटर का टॉर्क के बराबर होगा

(ए) पिछले मूल्य का 100%

(बी) पिछले मूल्य का 50%

(सी) <u>पिछलेमूल्यका 25%</u>

(डी) पिछले मूल्य का 10%

38. DC मोटर के आर्मेचर द्वारा खींची गई धारा के समानुपाती होती है

(ए) <u>आवश्यकटोक़</u>

(बी) मोटर की गति

(सी) टर्मिनलों में वोल्टेज

(डी) उपरोक्त में से कोई नहीं

39. विद्युत मोटर की नेम प्लेट पर अंकित शक्ति इंगित करती है

(ए) किलोवाट में खींची गई शक्ति

(बी) केवीए में खींची गई शक्ति

(सी) सकल शक्ति

(डी) <u>शाफ्टपरउपलब्धआउटपुटपावर</u>

40. किस डीसी मोटर में अधिकतम सेल्फ लोडिंग प्रॉपर्टी है?

(ए) सीरीज मोटर

(बी) शंट मोटर

(सी) संचयी रूप से मिश्रित 'मोटर'

(डी) <u>डिफरेंशियलकंपाउंडेडमोटर</u>

41. रुक-रुक कर प्रकाश और भारी भार के लिए फ्लाईव्हील के साथ कौन सी डीसी मोटर उपयुक्त होगी?

(ए) सीरीज मोटर

(बी) शंट मोटर

(सी) <u>संचयीरूपसेमिश्रितमोटर</u>

(डी) डिफरेंशियल कंपाउंडेड मोटर

42. यदि एक डीसी शंट मोटर बिना लोड के काम कर रही है और यदि शंट फील्ड सर्किट अचानक खुल जाता है

(ए) मोटर को कुछ नहीं होगा

(बी) यह आर्मेचर को भारी करंट लेने के लिए बना देगा, संभवतः इसे जला देगा

(सी)	इसकेपरिणामस्वरूपअत्यधिकगतिहोगी,
संभवतःअत्यधिककेन्द्रापसारकतनावकेकारणआर्मेचरकोनष्टकरदेगा

(डी) मोटर बहुत धीमी गति से चलेगी

43. डीसी श्रृंखला मोटर्स का उपयोग किया जाता है

(ए) जहां लोड स्थिर है

(बी) जहां लोड बार-बार बदलता है

(सी) जहां निरंतर संचालन गति की आवश्यकता होती है

(डी) उपरोक्तमेंसेकिसीभीस्थितिमेंनहीं।

44. समान एचपी रेटिंग और पूर्ण लोड गति के लिए, निम्नलिखित मोटर में खराब प्रारंभिक टॉर्क है

(ए) शंट

(बी) श्रृंखला

(सी) आंशिकरूपसेमिश्रित

(डी) संचयी रूप से मिश्रित

45. डीसी श्रृंखला मोटर्स के प्रवाहकीय मुआवजे के मामले में, क्षतिपूर्ति घुमावदार प्रदान की जाती है

(ए) अलग से घाव इकाई के रूप में

(6) आर्मेचर वाइंडिंग के साथ समानांतर में

(सी) आर्मेचरवाइंडिंगकेसाथश्रृंखलामें

(डी) फील्ड वाइंडिंग के समानांतर में

46. डीसी मोटर के कम्यूटेटर पर स्पार्किंग का परिणाम हो सकता है

(ए) कम्यूटेटर सेगमेंट को नुकसान

(बी) कम्यूटेटर इन्सुलेशन को नुकसान

(सी) बिजली की खपत में वृद्धि

(डी) उपरोक्तसभी

47. अत्यधिक विस्फोटक वातावरण में संचालन के लिए निम्नलिखित में से कौन सी मोटर पसंद की जाती है?

(ए) सीरीज मोटर

(बी) शंट मोटर

(सी) एयरमोटर

(डी) बैटरी संचालित मोटर

48. यदि डीसी मोटर के लिए आपूर्ति वोल्टेज में वृद्धि की जाती है, तो निम्न में से क्या घटेगा?

(ए) टॉर्क शुरू करना

(बी) ऑपरेटिंग गति

(सी) पूर्णलोडवर्तमान

(D। उपरोक्त सभी

49. निम्नलिखित में से कौन-सा एक DC मशीन में पोल शूज़ का कार्य नहीं है?

(ए) एडीवर्तमाननुकसानकोकमकरनेकेलिए

(बी) फील्ड कॉइल्स का समर्थन करने के लिए

(सी) बेहतर एकरूपता के लिए प्रवाह फैलाने के लिए

(डी) चुंबकीय पथ की अनिच्छा को कम करने के लिए

50. एक शंट मोटर द्वारा विकसित यांत्रिक शक्ति अधिकतम होगी जब बैक ईएमएफ और लागू वोल्टेज का अनुपात होगा

(ए) 4.0

(बी) 2.0

(सी) 1.0

(डी) 0.5

51. डीसी मोटर के मामले में अधिकतम शक्ति की शर्त है

(ए) बैक ईएमएफ = 2 एक्स आपूर्ति वोल्टेज

(बी) बैकईएमएफ = | एक्सआपूर्तिवोल्टेज

(सी) आपूर्ति वोल्टेज = | एक्स बैक ईएमएफ

(डी) आपूर्ति वोल्टेज = वापस ईएमएफ

52. निम्नलिखित में से किस अनुप्रयोग के लिए एक एसी मोटर पर डीसी मोटर को प्राथमिकता दी जाती है?

(ए) कम गति संचालन

(बी) हाई स्पीड ऑपरेशन

(सी) परिवर्तनीयगतिसंचालन

(डी) निश्चित गति संचालन

53. डीसी मशीनों में अवशिष्ट चुंबकत्व के क्रम का होता है

(ए) 2 से 3 प्रतिशत

(6) 10 से 15 प्रतिशत

(सी) 20 से 25 प्रतिशत

(डी) 50 से 75 प्रतिशत

54. क्रेन और होइस्ट के लिए आमतौर पर कौन सी डीसी मोटर पसंद की जाती है?

(ए) सीरीजमोटर

(बी) शंट मोटर

(सी) संचयी रूप से मिश्रित मोटर

(डी) डिफरेंशियल कंपाउंडेड मोटर

55. थ्री पॉइंट स्टार्टर का उपयोग के लिए किया जा सकता है

(ए) श्रृंखला मोटर केवल

(बी) केवल शंट मोटर

(सी) केवल यौगिक मोटर

(डी) शंटऔरमिश्रितमोटरदोनों

56. डीसी मोटर में स्पार्किंग को हतोत्साहित किया जाता है क्योंकि

(ए) यह इनपुट बिजली की खपत को बढ़ाता है

(बी) कम्यूटेटरक्षतिग्रस्तहोजाताहै

(सी) दोनों (ए) और (बी)

(डी) उपरोक्त में से कोई नहीं

57. वार्ड लियोनार्ड विधि द्वारा गति नियंत्रण एक समान गति भिन्नता देता है

(ए) एक दिशा में

(बी) दोनोंदिशाओंमें

(सी) केवल सामान्य गति से नीचे

(डी) केवल सामान्य गति से ऊपर।

58. मोटर द्वारा पीक डिमांड को कम करने के लिए डीसी कंपाउंड मोटर के साथ फ्लाईव्हील का उपयोग किया जाता है, कंपाउंड मोटर को होना होगा

(ए) स्तर मिश्रित

(बी) मिश्रित के तहत

(सी) संचयीरूपसेमिश्रित

(डी) आंशिक रूप से मिश्रित

59. निम्नलिखित मोटर का उपयोग किया जाता है जहां उच्च प्रारंभिक टोक़ और विस्तृत गति सीमा नियंत्रण की आवश्यकता होती है।

(ए) सिंगल फेज कैपेसिटर स्टार्ट

(बी) प्रेरण मोटर

(सी) तुल्यकालिक मोटर

(डी) डीसीमोटर

60. एक भिन्न मिश्रित डीसी मोटर में, यदि शंट फील्ड अचानक खुल जाता है

(ए) मोटरपहलेरुकेगीऔरफिरविपरीतदिशामेंश्रृंखलामोटरकेरूपमेंचलेगी

(बी) मोटर श्रृंखला मोटर के रूप में काम करेगी और उसी दिशा में धीमी गति से चलेगी

(सी) मोटर श्रृंखला मोटर के रूप में काम करेगी और उसी दिशा में तेज गति से चलेगी

(डी) मोटर काम नहीं करेगा और रुक जाएगा

61. निम्नलिखित में से किस मोटर की गति नियमन सबसे खराब है ?

(ए) शंट मोटर

(बी) <u>सीरीजमोटर</u>

(सी) डिफरेंशियल कंपाउंड मोटर

(डी) संचयी यौगिक मोटर

62. बसों, ट्रेनों, ट्रॉलियों, होइस्टों, क्रेनों को उच्च स्टार्टिंग टॉर्क की आवश्यकता होती है और इसलिए इसका उपयोग करें

(ए) <u>डीसीश्रृंखलामोटर</u>

(बी) डीसी शंट मोटर

(सी) प्रेरण मोटर

(डी) उपरोक्त सभी मोटर्स

63. जैसे-जैसे लोड बढ़ता है डीसी शंट मोटर की गति बढ़ जाती है

(ए) <u>थोड़ाकमकरें</u>

(बी) थोड़ा बढ़ो

(सी) आनुपातिक वृद्धि

(डी) अपरिवर्तित रहता है

64. डीसी शंट मोटर का आर्मेचर टॉर्क के समानुपाती होता है

(ए) केवल क्षेत्र प्रवाह

(बी) <u>आर्मेचरवर्तमानकेवल</u>

(सी) दोनों (ए) और (बी)

(डी) उपरोक्त में से कोई नहीं

65. डीसी मशीन के गति नियंत्रण की निम्नलिखित में से कौन सी विधि न्यूनतम दक्षता प्रदान करेगी?

(ए) वोल्टेज नियंत्रण विधि

(बी) फील्ड नियंत्रण विधि

(सी) <u>आर्मेचरनियंत्रणविधि</u>

(डी) उपरोक्त सभी विधियां

1. निम्नलिखित में से कौन सा घटक आमतौर पर सिलिकॉन स्टील से बना होता है?

(ए) बियरिंग्स

(बी) दस्ता

(सी) <u>स्टेटरकोर</u>

(डी) उपरोक्त में से कोई नहीं

2. एक प्रेरण मोटर का फ्रेम आमतौर पर बना होता है

(ए) सिलिकॉन स्टील

(बी) <u>कच्चालोहा</u>

(सी) एल्यूमीनियम

(डी) कांस्य

3. इंडक्शन मोटर का शाफ्ट का बना होता है

(ए) <u>कठोर</u>

(बी) लचीला

(सी) खोखला

(डी) उपरोक्त में से कोई भी

4. एक प्रेरण मोटर का शाफ्ट का बना होता है

(ए) उच्च गति स्टील

(बी) स्टेनलेस स्टील

(सी) <u>कार्बनस्टील</u>

(डी) कच्चा लोहा

5. एक इंडक्शन मोटर में, नो-लोड स्लिप आमतौर पर होती है

(ए) <u>1% सेकम</u>

(बी) 1.5%

(सी) 2%

(डी) 4%

6. मध्यम आकार के प्रेरण मोटर्स में, पर्ची आम तौर पर आसपास होती है

(ए) 0.04%

(बी) 0.4%

(सी) <u>4%</u>

(डी) 14%

7. गिलहरी केज इंडक्शन मोटर्स में, रोटर स्लॉट्स को आमतौर पर थोड़ा तिरछा दिया जाता है
के लिए

(ए) विंडेज नुकसान को कम करें

(बी) एड़ी धाराओं को कम करें

(सी) गंदगी और धूल के संचय को कम करें

(डी) <u>चुंबकीयह्यूमकोकमकरें</u>

8. इंडक्शन मोटर में एयर गैप बढ़ने की स्थिति में

(ए) रोटर की चुंबकीय धारा घट जाएगी

(बी) <u>शक्तिकारकघटजाएगा</u>

(सी) मोटर की गति बढ़ जाएगी

(डी) विंडेज घाटे में वृद्धि होगी

9. पर्ची के छल्ले आमतौर पर बने होते हैं

(ए) तांबा

(बी) कार्बन

(सी) <u>फॉस्फोरकांस्य</u>

(डी) एल्यूमीनियम

10. एक 3-फेज 440 V, 50 Hz इंडक्शन मोटर में 4% स्लिप है। रोटर की आवृत्ति ईएमएफ होगा

(ए) 200 हट्र्ज

(बी) 50 हट्र्ज

(सी) <u>2 हट्र्ज</u>

(डी) 0.2 हट्र्ज

11. एनएस में समकालिक गति और एस पर्ची है, तो वास्तविक चलने की गति a इंडक्शन मोटर होगी

(ए) एनएस

(बी) एसएन,

(सी) <u>(एलएस) एनएस</u>

(डी) (एनएस-एल) एस

एक प्रेरण मोटर की दक्षता लगभग होने की उम्मीद की जा सकती है

(ए) 60 से 90%

(बी) <u>80 से 90%</u>

(सी) 95 से 98%

(डी) 99%

13. गिलहरी केज इंडक्शन मोटर पर स्लिप रिंग की संख्या आमतौर पर होती है

(दो

(बी) तीन

(सी) चार

(डी) <u>कोईनहीं</u>

14. गिलहरी-पिंजरे प्रेरण मोटर का प्रारंभिक बलाघूर्ण है

(ए) <u>कम</u>

(बी) नगण्य

(सी) पूर्ण लोड टोक़ के समान

(डी) पूर्ण लोड टोक़ से थोड़ा अधिक

15. एक डबल गिलहरी-पिंजरे प्रेरण मोटर में है

(ए) दो रोटर विपरीत दिशा में आगे बढ़ रहे हैं

(बी) स्टेटर में दो समानांतर वाइंडिंग

(सी) <u>रोटरमेंदोसमानांतरघुमाव</u>

(डी) स्टेटर में दो श्रृंखला घुमाव

16. के मामले में मोटर्स का स्टार-डेल्टा शुरू करना संभव नहीं है

(ए) <u>सिंगलफेजमोटर्स</u>

(बी) चर गति मोटर्स

(सी) कम हॉर्स पावर मोटर

(डी) उच्च गति मोटर्स

17. 'कॉगिंग' शब्द किसके साथ जुड़ा हुआ है?

(ए) तीन चरण ट्रांसफार्मर

(बी) यौगिक जनरेटर

(सी) डीसी श्रृंखला मोटर्स

(डी) <u>प्रेरणमोटर्स</u>

18. प्रेरण मोटर्स के मामले में टोक़ है

(ए) के विपरीत आनुपातिक (Vslip)

(बी) सीधे आनुपातिक (पर्ची) 2

(सी) पर्ची के विपरीत आनुपातिक

(डी) <u>पर्चीकेसीधेआनुपातिक</u>

19. 1000 आरपीएम की गति वाली एक प्रेरण मोटर होगी

(ए) 8 ध्रुव

(बी) <u>6 ध्रुव</u>

(सी) 4 ध्रुव

(डी) 2 ध्रुव

20. एक प्रेरण मोटर का अच्छा शक्ति कारक प्राप्त किया जा सकता है यदि औसत वायु अंतराल में फ्लक्स घनत्व है

(ए) अनुपस्थित

(बी) <u>छोटा</u>

(सी) बड़े

(डी) अनंत

21. एक प्रेरण मोटर के समान है

(ए) डीसी कंपाउंड मोटर

(बी) डीसी श्रृंखला मोटर

(सी) तुल्यकालिक मोटर

(डी) <u>अतुल्यकालिकमोटर</u>

22. इंडक्शन मोटर के रोटर में इंजेक्टेड ईएमएफ होना चाहिए

(ए) शून्य आवृत्ति

(बी) <u>पर्चीआवृत्तिकेसमानआवृत्ति</u>

(सी) रोटर ईएमएफ के समान चरण

(डी) संतोषजनक गति नियंत्रण के लिए उच्च मूल्य

23. की गति को नियंत्रित करने के लिए निम्नलिखित में से कौन सी विधि आसानी से लागू होती है?

गिलहरी-पिंजरे प्रेरण मोटर ?

(ए) <u>स्टेटरध्रुवोंकीसंख्याकोबदलकर</u>

(बी) रोटर रिओस्तात नियंत्रण

(सी) कैस्केड में दो मोटरों को संचालित करके

(डी) रोटर सर्किट में ईएमएफ इंजेक्ट करके

24. इंडक्शन मोटर में रेंगने का कारण होता है

(ए) कम वोल्टेज की आपूर्ति

(बी) उच्च भार

(सी) <u>मोटरमेंविकसितहार्मोनिक्स</u>

(डी) मशीन का अनुचित डिजाइन

(ई) उपरोक्त में से कोई नहीं

25. पिंजरे शुरू करने के लिए ऑटो-स्टार्टर (तीन ऑटो ट्रांसफार्मर का उपयोग करके) का उपयोग किया जा सकता है

निम्नलिखित प्रकार की प्रेरण मोटर

(ए) केवल स्टार जुड़ा हुआ है

(बी) केवल डेल्टा जुड़ा हुआ है

(सी) <u>(ए) और (बी) दोनों</u>

(डी) उपरोक्त में से कोई नहीं

26. ऑटोस्टार्टर के साथ केज इंडक्शन मोटर में विकसित टॉर्क है

(ए) के/टॉर्क प्रत्यक्ष स्विचिंग के साथ

(6) K x टॉर्क डायरेक्ट स्विचिंग के साथ

(सी) <u>प्रत्यक्षस्विचिंगकेसाथ $K2$ x टॉर्क</u>

(डी) प्रत्यक्ष स्विचिंग के साथ के2/टॉर्क

27. जब डबल गिलहरी-पिंजरे प्रेरण मोटर के समकक्ष सर्किट आरेख

दो पिंजरों का निर्माण किया जा सकता है

सोच-विचार किया हुआ

(ए) श्रृंखला में

(बी) <u>समानांतरमें</u>

(सी) श्रृंखला-समानांतर में

(डी) स्टेटर के समानांतर में

28. इंडक्शन मोटर की लाइन-स्टार्टिंग से बचने और स्टार्टर का उपयोग करने की सलाह दी जाती है

इसलिये

(ए) <u>मोटरअपनेफुललोडकरंटकापांचसेसातगुनालेतीहै</u>

(बी) यह बहुत तेज गति से उठाएगा और कदम से बाहर जा सकता है

(सी) यह विपरीत दिशा में चलेगा

(डी) टोक़ शुरू करना बहुत अधिक है

29. निम्नलिखित में से किस विधि से इंडक्शन मोटर का स्टीप्लेस गति नियंत्रण संभव है?

(ए) रोटर eueuit . में ईएमएफ इंजेक्शन

(बी) <u>ध्रुवोंकीसंख्याबदलना</u>

(सी) कैस्केड ऑपरेशन

(डी) उपरोक्त में से कोई नहीं

30. गति नियंत्रण के रोटर रिओस्तात नियंत्रण विधि का प्रयोग किया जाता है

(ए) केवल गिलहरी-पिंजरे प्रेरण मोटर्स

(बी) <u>स्लिपरिंगइंडक्शनमोटर्सकेवल</u>

(सी) दोनों (ए) और (बी)

(डी) उपरोक्त में से कोई नहीं

31. प्रेरण मोटर के वृत आरेख में, वृत का व्यास दर्शाता है

(एक पर्ची

(बी) <u>रोटरवर्तमान</u>

(सी) टोक़ चल रहा है

(डी) लाइन वोल्टेज

32. किस मोटर के लिए रोटर की तरफ से गति को नियंत्रित किया जा सकता है?

(ए) गिलहरी-पिंजरे प्रेरण मोटर

(बी) <u>स्लिप-रिंगइंडक्शनमोटर</u>

(सी) दोनों (ए) और (बी)

(डी) उपरोक्त में से कोई नहीं

33. यदि एक प्रेरण मोटर के लिए किन्हीं दो चरणों को आपस में बदल दिया जाता है

(ए) <u>मोटरविपरीतदिशामेंचलेगी</u>

(बी) मोटर कम गति से चलेगी

(सी) मोटर नहीं चलेगा

(डी) मोटर जल जाएगी

34. एक प्रेरण मोटर है

(ए) शून्य टोक़ के साथ स्वयं शुरू करना

(बी) उच्च टोक़ के साथ स्वयं शुरू करना

(सी) <u>कमटोक़केसाथस्वयंशुरूकरना</u>

(डी) गैर स्वयं शुरू

35. प्रेरण मोटर में अधिकतम बलाघूर्ण किस पर निर्भर करता है?

(ए) आवृति

(बी) रोटर आगमनात्मक प्रतिक्रिया

(सी) आपूर्ति वोल्टेज का वर्ग

(डी) <u>उपरोक्तसभी</u>

36. तीन-चरण गिलहरी-पिंजरे प्रेरण मोटर्स में

(ए) रोटर कंडक्टर के छोर स्लिप रिंग के माध्यम से शॉर्ट-सर्किट होते हैं

(बी) <u>रोटरकंडक्टरअंतकेछल्लेकेमाध्यमसेशॉर्ट-सर्किटहोतेहैं</u>

(सी) रोटर कंडक्टर खुले रखे जाते हैं

(डी) रोटर कंडक्टर इन्सुलेशन से जुड़े हुए हैं

37. तीन फेज इंडक्शन मोटर में रोटर वाइंडिंग में ध्रुवों की संख्या हमेशा होती है

(ए) शून्य

(बी) स्टेटर में ध्रुवों की संख्या से अधिक

(सी) स्टेटर में ध्रुवों की संख्या से कम

(डी) <u>स्टेटरमेंध्रुवोंकीसंख्याकेबराबर</u>

38. इंडक्शन मोटर्स की डीओएल स्टार्टिंग आमतौर पर तक सीमित होती है

(ए) <u>कमअश्वशक्तिमोटर्स</u>

(बी) चर गति मोटर्स

(सी) उच्च अश्वशक्ति मोटर्स

(डी) उच्च गति मोटर्स

39. गिलहरी-पिंजरे प्रेरण मोटर की गति को सभी द्वारा नियंत्रित किया जा सकता है निम्नलिखित को छोड़कर:

(ए) आपूर्ति आवृति बदलना

(बी) ध्रुवों की संख्या बदलना

(सी) <u>घुमावदारप्रतिरोधबदलना</u>

(डी) आपूर्ति वोल्टेज को कम करना

40. इंडक्शन मोटर में 'क्रॉलिंग' किसके कारण होता है?

(ए) उच्च भार

(6) कम वोल्टेज की आपूर्ति

(सी) मशीन का अनुचित डिजाइन

(डी) मोटरमेंविकसितहार्मोनिक्स

41. नो-लोड परिस्थितियों में इंडक्शन मोटर का पावर फैक्टर होगा से अधिक निकट

(ए) 0.2 लैगिंग

(बी) 0.2 अग्रणी

(सी) 0.5 अग्रणी

(डी) एकता

42. इंडक्शन मोटर की 'कॉगिंग' से बचा जा सकता है

(ए) उचित वेंटिलेशन

(बी) डीओएल स्टार्टर का उपयोग करना

(सी) ऑटो-ट्रांसफार्मर स्टार्टर

(डी) स्टेटरस्लॉटकीसंख्यासेअधिकयाकमरोटरस्लॉटकीसंख्या (बराबरनहीं)

43. यदि एक प्रेरण मोटर रोटर और स्टेटर स्लॉट के निश्चित अनुपात के साथ सामान्य गति के 1/7 पर चलता है, तो घटना को कहा जाएगा

(ए) गुनगुना

(बी) शिकार

(सी) रेंगना

(डी) कोगिंग

44. इंडक्शन मोटर की स्लिप ऋणात्मक होती है जब

(ए) चुंबकीय क्षेत्र और रोटर विपरीत दिशा में घूमते हैं

(बी) रोटर की गति क्षेत्र की तुल्यकालिक गति से कम है और एक ही दिशा में हैं

(सी) रोटरकीगतिक्षेत्रकीतुल्यकालिकगतिसेअधिकहैऔरएकहीदिशामेंहैं

(डी) उपरोक्त में से कोई नहीं

45. समान एचपी के लिए कम गति वाली मोटर की तुलना में हाई स्पीड मोटर का आकार होगा

(ए) बड़ा

(बी) छोटा

(सी) वही

(डी) उपरोक्त में से कोई भी

46. एक 3-फेज इंडक्शन मोटर स्टेटर डेल्टा जुड़ा हुआ है, पूरा भार वहन कर रहा है और इसका एक फ्यूज उड़ गया है। फिर मोटर

(ए) <u>अपनेएकचरणकोजलातेहुएदौड़तारहेगा</u>

(बी) अपने दो चरणों को जलाते हुए दौड़ता रहेगा

(सी) भारी प्रवाह को रोक देगा और इसकी घुमाव को स्थायी नुकसान पहुंचाएगा

(डी) घुमावदार को बिना किसी नुकसान के चलना जारी रखेगा

47. एक 3-फेज इंडक्शन मोटर जुड़ा हुआ डेल्टा बहुत अधिक भार वहन कर रहा है और उसका एक फ्यूज उड़ जाता है। फिर मोटर

(ए) अपने एक चरण को जलाते हुए दौड़ता रहेगा

(बी) अपने दो चरणों को जलाते हुए दौड़ता रहेगा

(सी) <u>भारीप्रवाहकोरोकदेगाऔरइसकीघुमावकोस्थायीनुकसानपहुंचाएगा</u>

(डी) घुमावदार को बिना किसी नुकसान के चलना जारी रखेगा

48. मोटर टर्मिनलों पर लो वोल्टेज किसके कारण होता है?

(ए) अपर्याप्त मोटर वायरिंग

(बी) खराब विनियमित बिजली आपूर्ति

(सी) <u>उपरोक्तमेंसेकोईएक</u>

(डी) उपरोक्त में से कोई नहीं

49. एक प्रेरण मोटर में स्टेटर स्लॉट और रोटर स्लॉट के बीच संबंध है कि

(ए) स्टेटर स्लॉट रोटर स्लॉट के बराबर हैं

(बी) स्टेटर स्लॉट रोटर स्लॉट के सटीक गुणक हैं

(सी) <u>स्टेटरस्लॉटरोटरस्लॉटकेसटीकएकाधिकनहींहैं</u>

(डी) उपरोक्त में से कोई नहीं

50. स्लिप रिंग मोटर की सिफारिश की जाती है जहां

(ए) गति नियंत्रण की आवश्यकता है

(6) बार-बार शुरू करना, रोकना और उलटना आवश्यक है

(सी) उच्च प्रारंभिक टोक़ की जरूरत है

(डी) <u>उपरोक्तसभीसुविधाओंकीआवश्यकताहै</u>

51. जैसे-जैसे इंडक्शन मोटर पर लोड बढ़ता जाता है

(ए) इसका शक्ति कारक घट रहा है

(बी) इसका शक्ति कारक स्थिर रहता है

(सी) इसका पावर फैक्टर पूर्ण भार के बाद भी बढ़ता रहता है

(डी) <u>इसकापावरफैक्टरपूर्णभारतकबढ़ताजाताहैऔरफिरयहफिरसेगिरजाताहै</u>

52. यदि स्टेटर को 3-फेज की आपूर्ति दी जाती है और रोटर शॉर्ट सर्कुलेटेड होता है तो रोटर गति करेगा

(ए) विपरीत दिशा में घूर्णन क्षेत्र की दिशा के रूप में

(बी) <u>क्षेत्रकीदिशाकेसमानदिशामें</u>

(सी) आपूर्ति के चरण अनुक्रम के आधार पर किसी भी दिशा में

53. इंडक्शन मोटर की लाइन स्टार्टिंग से बचने और स्टार्टर का उपयोग करने की सलाह दी जाती है क्योंकि

(ए) यह विपरीत दिशा में चलेगा

(बी) यह बहुत तेज गति उठाएगा और कदम से बाहर जा सकता है

(c) मोटरअपनेफुललोडकरंटकापांचसेसातगुनाज्यादासमयलेतीहै

(डी) टोक़ शुरू करना बहुत अधिक है

54. एक प्रेरण मोटर की गति विशेषताएँ निम्नलिखित में से किस मशीन की गति भार विशेषताओं के समान होती हैं:

(ए) डीसी श्रृंखला मोटर

(बी) डीसीशंटमोटर

(सी) सार्वभौमिक मोटर

(डी) उपरोक्त में से कोई नहीं

55. रोटर शाफ्ट को सहारा देने के लिए छोटे इंडक्शन मोटर्स में किस प्रकार की बेयरिंग दी जाती है?

(ए) बॉलबेयरिंग

(बी) कास्ट आयरन बीयरिंग

(सी) बुश बीयरिंग

(डी) उपरोक्त में से कोई नहीं

56. एक पंप इंडक्शन मोटर को उसके रेटेड वोल्टेज से 30% कम आपूर्ति पर स्विच किया जाता है। पंप चलता है। आखिर क्या होगा? यह

(ए) कुछ समय बाद स्टाल

(बी) तुरंत स्टाल

(सी) बिना नुकसान के कम गति से दौड़ना जारी रखें

(डी) गर्महोजाओऔरबादमेंक्षतिग्रस्तहोजाओ

57. निम्नलिखित आरपीएम के लिए 5 एचपी, 50-हट्र्ज, 3-फेज, 440 वी, इंडक्शन मोटर्स उपलब्ध हैं कौन सी मोटर सबसे महंगी होगी?

(ए) 730 आरपीएम।

(बी) 960 आरपीएम

(सी) 1440 आरपीएम

(डी) 2880 आरपीएम

58. एक 3-फेज स्लिप रिंग मोटर में होता है

(ए) डबल केज रोटर

(बी) घावरोटर

(सी) शॉर्ट-सर्कुलेटेड रोटर

(डी) उपरोक्त में से कोई भी

59. 3-फेज गिलहरी केज इंडक्शन मोटर का आरंभिक बलाघूर्ण है

(ए) दो बार पूर्ण भार टोक़

(बी) <u>1.5 गुनाफुललोडटॉर्क</u>

(सी) पूर्ण भार टोक़ के बराबर

60. इंडक्शन मोटर पर शॉर्ट-सर्किट परीक्षण का उपयोग निर्धारित करने के लिए नहीं किया जा सकता है

(ए) <u>वेस्टेजनुकसान</u>

(बी) तांबे के नुकसान

(सी) परिवर्तन अनुपात

(डी) सर्कल आरेख का पावर स्केल

61. तीन चरण प्रेरण मोटर में

(ए) रोटर की तुलना में स्टेटर में लोहे की हानि नगण्य होगी

(6) रोटर की तुलना में मोटर में लोहे की हानि नगण्य होगी

(सी) स्टेटर में लोहे की हानि रोटर की तुलना में कम होगी

(डी) <u>स्टेटरमेंलोहेकीहानिरोटरकीतुलनामेंअधिकहोगी</u>

62. 3-फेज इंडक्शन मोटर्स के मामले में, प्लगिंग का अर्थ है:

(ए) बिना स्टार्टर के मोटर को सीधे लाइन पर खींचना

(बी) हार्मोनिक्स के कारण रोटर का लॉकिंग

(सी) लोड पर मोटर शुरू करना जो रेटेड लोड से अधिक है

(डी) <u>त्वरितरोककेलिएदोआपूर्तिचरणोंकोबदलना</u>

63. इंडक्शन मोटर के लिए वृत्त आरेख बनाने के लिए निम्नलिखित में से कौन सा डेटा आवश्यक है?

(ए) केवल रोटर परीक्षण ब्लॉक करें

(बी) केवल लोड परीक्षण नहीं

(सी) ब्लॉक रोटर टेस्ट और नो-लोड टेस्ट

(डी) <u>ब्लॉकरोटरटेस्ट, नो-लोडटेस्टऔरस्टेटरप्रतिरोधपरीक्षण</u>

64. श्री-फेज इंडक्शन मोटर्स में कभी-कभी कॉपर बार को रोटर में गहराई तक रखा जाता है

(ए) <u>प्रारंभिकटोक़मेंसुधार</u>

(बी) तांबे के नुकसान को कम करें

(सी) दक्षता में सुधार

(डी) पावर फैक्टर में सुधार

65. तीन चरण प्रेरण मोटर में

(ए) दौड़ते समय की तुलना में शुरू होने पर पावर फैक्टर अधिक होता है

(बी) दौड़तेसमयकीतुलनामेंशुरूहोनेपरपावरफैक्टरकमहोताहै

(सी) चलने के दौरान उसी तरह शुरू होने पर पावर फैक्टर

66. एक प्रेरण मोटर के परिवर्तन अनुपात की वाफसी द्वारा पाया जा सकता है

(ए) केवल ओपन-सर्किट परीक्षण

(बी) केवलशॉर्ट-सर्किटपरीक्षण

(सी) स्टेटर प्रतिरोध परीक्षण

(डी) उपरोक्त में से कोई नहीं

67. इंडक्शन मोटर के सर्कल डायग्राम का पावर स्केल पाया जा सकता है

(ए) स्टेटर प्रतिरोध परीक्षण

(बी) केवल नो-लोड टेस्ट

(सी) केवलशॉर्ट-सर्किटपरीक्षण

(डी) उपरोक्त के noue

68. प्रेरण मोटर के आघूर्ण/स्लिप वक्र का आकार होता है

(ए) परवलय

(बी) हाइपरबोला

(सी) आयताकारपरवलय

(डी) सीधी रेखा

69. इंडक्शन मोटर में आपूर्ति वोल्टेज के 4% का परिवर्तन लगभग परिवर्तन का उत्पादन करेगा

(ए) रोटर टोक़ में 4%

(बी) रोटर टोक़ में 8%

(सी) रोटर टोक़ में 12%

(डी) रोटरटोक़में 16%

70. स्लिप रिंग इंडक्शन मोटर के स्टेटिंग टॉर्क को जोड़कर बढ़ाया जा सकता है

(ए) रोटर के लिए बाहरी अधिष्ठापन

(बी) रोटरकेलिएबाहरीप्रतिरोध

(सी) रोटर के लिए बाहरी समाई

(डी) रोटर के प्रतिरोध और अधिष्ठापन दोनों

71. एक 500 kW, 3-फेज, 440 वोल्ट, 50 Hz, AC इंडक्शन मोटर में फुल लोड पर 960 rpm की गति होती है। मशीन में 6 पोल हैं। मशीन की पर्ची होगी

(ए) 0.01

(बी) 0.02

(सी) 0.03

(डी) <u>0.04</u>

72. इंड्यूशन मोटर का पूरा वृत्त आरेख किसकी सहायता से खींचा जा सकता है? से मिला डेटा

(ए) नोलोड टेस्ट

(6) अवरुद्ध रोटर परीक्षण

(सी) स्टेटर प्रतिरोध परीक्षण

(डी) <u>उपरोक्तसभी</u>

73. गिलहरी-पिंजरे इंडक्शन मोटर में रोटर स्लॉट्स को आमतौर पर थोड़ा तिरछा दिया जाता है

(ए) <u>रोटरकेचुंबकीयहमऔरलॉकिंगप्रवृतिकोकमकरनेकेलिए</u>

(बी) रोटर सलाखों की तन्यता ताकत बढ़ाने के लिए

(सी) आसान निर्माण सुनिश्चित करने के लिए

(डी) उपरोक्त में से कोई नहीं

74. चालू हालत में एक प्रेरण मोटर में रोटर का टोक़ अधिकतम है

(ए) पर्ची के इकाई मूल्य पर

(बी) पर्ची के शून्य मूल्य पर

(सी) <u>पर्चीकेमूल्यपरजोप्रतिचरणरोटरप्रतिक्रियाकोप्रतिचरणप्रतिरोधकेबराबरबनाताहै</u>

(डी) पर्ची के मूल्य पर जो रोटर की प्रतिक्रिया को रोटर का आधा बना देता है

75. यदि स्टेटर के घूर्णन फ्लक्स और प्रेरण मोटर के रोटर के बीच सापेक्ष गति शून्य हो तो क्या होगा?

(ए) मोटर की पर्ची 5% होगी

(बी) <u>रोटरनहींचलेगा</u>

(सी) रोटर बहुत तेज गति से चलेगा

(डी) उत्पादित टोक़ बहुत बड़ा होगा

76. इंडक्शन मोटर के वृत्त आरेख का उपयोग यह निर्धारित करने के लिए नहीं किया जा सकता है

(ए) <u>दक्षता</u>

(बी) पावर फैक्टर

(सी) आवृत्ति

(डी) आउटपुट

77. इंडक्शन मोटर्स पर अवरुद्ध रोटर परीक्षण का पता लगाने के लिए प्रयोग किया जाता है

(ए) रिसाव प्रतिक्रिया

(बी) शॉर्ट सर्किट पर पावर फैक्टर

(सी) रेटेड वोल्टेज के तहत शॉर्ट-सर्किट वर्तमान

(डी) <u>उपरोक्तसभी</u>

78. बॉल बेयरिंग के लिए इस्तेमाल किया जाने वाला स्नेहक आमतौर पर होता है

(ए) ग्रेफाइट

(बी) <u>ग्रीस</u>

(सी) खनिज तेल

(डी) गुड़

79. एक प्रेरण मोटर समकालिक गति से चल सकती है जब

(ए) यह लोड पर चलाया जाता है

(बी) यह विपरीत दिशा में चलाया जाता है

(सी) यह रेटेड वोल्टेज से अधिक वोल्टेज पर चलता है

(डी) <u>रोटरसर्किटमेंईएमएफइंजेक्टकियाजाताहै</u>

80. उन खानों में उपयोग के लिए कौन सी मोटर पसंद की जाती है जहां विस्फोटक गैसें मौजूद हैं?

(ए) <u>एयरमोटर</u>

(बी) प्रेरण मोटर

(सी) डीसी शंट मोटर

(डी) तुल्यकालिक मोटर

81. 3-फेज इंडक्शन मोटर द्वारा विकसित टॉर्क कम से कम किस पर निर्भर करता है?

(ए) रोटर वर्तमान

(बी) रोटर पावर फैक्टर

(सी) रोटर ईएमएफ

(डी) <u>शाफ्टव्यास</u>

82. एक प्रेरण मोटर में यदि वायु-अंतराल बढ़ा दिया जाता है

(ए) <u>पावरफैक्टरकमहोगा</u>

(बी) विंडेज नुकसान अधिक होगा

(सी) असर घर्षण कम हो जाएगा

(डी) एक प्रेरण मोटर में तांबे का नुकसान कम हो जाएगा

83. प्रेरण मोटर में प्रतिशत पर्ची निर्भर करती है

(ए) आपूर्ति आवृति

(बी) आपूर्ति वोल्टेज

(सी) <u>मोटरमेंतांबेकीहानि</u>

(डी) उपरोक्त में से कोई नहीं

85. डबल केज इंडक्शन मोटर के मामले में, आंतरिक पिंजरे में है

(ए) <u>उच्चअधिष्ठापनऔरकमप्रतिरोध</u>

(बी) कम अधिष्ठापन और उच्च प्रतिरोध

(सी) कम अधिष्ठापन और कम प्रतिरोध

(डी) उच्च अधिष्ठापन और उच्च प्रतिरोध

86. इंडक्शन मोटर का लो पावर फैक्टर किसके कारण होता है?

(ए) रोटर रिसाव प्रतिक्रिया

(बी) स्टेटर प्रतिक्रिया

(सी) चुंबकीय प्रवाह उत्पन्न करने के लिए आवश्यक प्रतिक्रियाशील लैगिंग चुंबकीयकरण वर्तमान

(डी) <u>उपरोक्तसभी</u>

87. रोटर सर्किट में प्रतिक्रिया का सम्मिलन

(ए) <u>शुरुआतीटोक़केसाथ-साथअधिकतमटोक़कोकममकरताहै</u>

(बी) प्रारंभिक टोक़ के साथ-साथ अधिकतम टोक़ भी बढ़ाता है

(सी) प्रारंभिक टोक़ बढ़ता है लेकिन अधिकतम टोक़ अपरिवर्तित रहता है

(डी) प्रारंभिक टोक़ बढ़ता है लेकिन अधिकतम टोक़ कम हो जाता है

88. किसी दिए गए टॉर्क को विकसित करने के लिए इंडक्शन मोटर के रोटसीर में प्रतिरोध का सम्मिलन

(ए) रोटर वर्तमान घटाता है

(बी) रोटर वर्तमान बढ़ाता है

(सी) रोटर वर्तमान शून्य हो जाता है

(डी) <u>रोटरवर्तमानसमानरहताहै</u>

89. उच्च जड़त्व वाले भार को चलाने के लिए सर्वोत्तम प्रकार की प्रेरण मोटर का सुझाव दिया जाता है

(ए) <u>पर्चीकीअंगूठीप्रकार</u>

(बी) गिलहरी पिंजरे का प्रकार

(सी) उपरोक्त में से कोई भी

(डी) उपरोक्त में से कोई नहीं

90. थ्री फेज इंडक्शन मोटर की स्टेटर वाइंडिंग का तापमान है के द्वारा हासिल किया गया

(ए) प्रतिरोध वृद्धि विधि

(बी) थर्मामीटर विधि

(सी) एम्बेडेड तापमान विधि

(डी) <u>सभीउपरोक्तविधियां</u>

91. शॉर्ट-सर्किट गियर का उपयोग करने का उद्देश्य है

(ए) रोटरकोस्लिपरिंगपरशॉर्टसर्किटकरनेकेलिए

(बी) स्टार्टर में शुरुआती प्रतिरोधों को शॉर्ट सर्किट करने के लिए

(सी) शॉर्ट सर्किट के लिए मोटर के स्टेटर चरण को स्टार बनाने के लिए

(डी) उपरोक्त में से कोई नहीं

92. एक गिलहरी केज मोटर में प्रेरित ईएमएफ है

(ए) शाफ्ट लोडिंग पर निर्भर

(बी) स्लॉट की संख्या पर निर्भर

(सी) रोटरमेंप्रेरितस्टैंडस्टिलईएमएफस्लिपटाइम्स

(डी) उपरोक्त में से कोई नहीं

93. के मामले में कम रखरखाव की परेशानी का अनुभव होता है

(ए) स्लिप रिंग इंडक्शन मोटर

(बी) गिलहरीपिंजरेप्रेरणमोटर

(सी) दोनों (ए) और (बी)

(डी) उपरोक्त में से कोई नहीं

94. एक गिलहरी पिंजरे प्रेरण मोटर का चयन नहीं किया जाता है जब

(ए) प्रारंभिक लागत मुख्य विचार है

(बी) रखरखाव लागत को कम रखा जाना है

(सी) उच्चप्रारंभिकटोक़मुख्यविचारहै

(डी) उपरोक्त सभी विचार शामिल हैं

95. कम वोल्टेज स्टार्टर के साथ प्रयोग किया जा सकता है

(ए) स्लिप रिंग मोटर केवल लेकिन गिलहरी पिंजरे प्रेरण मोटर के साथ नहीं

(बी) गिलहरी पिंजरे प्रेरण मोटर केवल लेकिन पर्ची की अंगूठी मोटर के साथ नहीं

(सी) गिलहरीपिंजरेकेसाथ-साथपर्चीकीअंगूठीप्रेरणमोटर

(डी) उपरोक्त में से कोई नहीं

96. स्लिप रिंग मोटर को गिलहरी केज इंडक्शन मोटर पर पसंद किया जाता है जहां

(ए) उच्चप्रारंभिकटोक़कीआवश्यकताहै

(बी) लोड टोक़ भारी है

(सी) भारी पुल आउट टोक़ की आवश्यकता है

(DI उपरोक्त सभी

97. एक प्रेरण मोटर के स्टार-डेल्टा स्टार्टर में

(ए) स्टेटर में प्रतिरोध डाला जाता है

(बी) स्टेटर पर कम वोल्टेज लागू होता है

(सी) रोटर में प्रतिरोध डाला जाता है

(डी) <u>लागूवोल्टेजपरलस्टेटरचरणलाइनवोल्टेजका 57.7% है</u>

98. इंडक्शन मोटर का टॉर्क है

(ए) <u>पर्चीकेसीधेआनुपातिक</u>

(बी) पर्ची के विपरीत आनुपातिक

(सी) पर्ची के वर्ग के लिए आनुपातिक

(डी) उपरोक्त में से कोई नहीं

99. इंडक्शन मोटर का रोटर पर चलता है

(ए) तुल्यकालिक गति

(बी) <u>तुल्यकालिकगतिसेनीचे</u>

(सी) तुल्यकालिक गति से ऊपर

(डी) उपरोक्त में से कोई भी

100. श्री फेज इंडक्शन मोटर के शुरुआती टॉर्क को किसके द्वारा बढ़ाया जा सकता है

(ए) बढ़ती पर्ची

(बी) वर्तमान बढ़ रहा है

(सी) <u>दोनों (ए) और (बी)</u>

(डी) उपरोक्त में से कोई नहीं

1. निम्नलिखित में से कौन ट्रांसफार्मर में नहीं बदलता है?

(एक लहर

(बी) वोल्टेज

(सी) <u>आवृति</u>

(D। उपरोक्त सभी

2. एक ट्रांसफार्मर में ऊर्जा प्राथमिक से माध्यमिक तक पहुंचाई जाती है

(ए) कूलिंग कॉइल के माध्यम से

(बी) हवा के माध्यम से

(सी) <u>प्रवाहद्वारा</u>

(डी) उपरोक्त में से कोई नहीं

3. एक ट्रांसफॉर्मर कोर को लेमिनेट किया जाता है

(ए) हिस्टैरिसीस नुकसान को कम करें

(बी) <u>एडीकेमौजूदानुकसानकोकमकरें</u>

(सी) तांबे के नुकसान को कम करें

(डी) उपरोक्त सभी नुकसान को कम करें

4. एक ट्रांसफॉर्मर के लेमिनेशन द्वारा उत्पन्न यांत्रिक कंपन की डिग्री निर्भर करती है

(ए) क्लैंपिंग की जकड़न

(बी) टुकड़े टुकड़े का गेज

(सी) टुकड़े टुकड़े का आकार

(डी) <u>उपरोक्तसभी</u>

5. ट्रांसफार्मर द्वारा खींचा गया नो-लोड करंट आमतौर पर फुल लोड करंट का कितना प्रतिशत होता है?

(ए) 0.2 से 0.5 प्रतिशत

(बी) <u>2 से 5 प्रतिशत</u>

(सी) 12 से 15 प्रतिशत

(डी) 20 से 30 प्रतिशत

6. एक ट्रांसफार्मर में चुंबकीय प्रवाह का पथ होना चाहिए

(ए) उच्च प्रतिरोध

(बी) उच्च अनिच्छा

(सी) कम प्रतिरोध

(डी) <u>कमअनिच्छा</u>

7. निर्धारित करने के लिए ट्रांसफार्मर पर नो-लोड किया जाता है

(ए) तांबे की हानि

(बी) चुंबकीय वर्तमान

(सी) <u>वर्तमानऔरहानिकोचुंबकितकरना</u>

(डी) ट्रांसफार्मर की दक्षता

8. ट्रांसफार्मर तेल की ढांकता हुआ ताकत होने की उम्मीद है

(ए) एलकेवी

(बी) <u>33 केवी</u>

(सी) 100 केवी

(डी) 330 केवी

9. यह निर्धारित करने के लिए ट्रांस-फॉर्मर्स पर सम्पनर का परीक्षण किया जाता है

(ए) <u>तापमान</u>

(बी) आवारा नुकसान

(सी) पूरे दिन दक्षता

(डी) उपरोक्त में से कोई नहीं

10. कोल्ड रोल्ड अनाज उन्मुख स्टील के मामले में अनुमेय प्रवाह घनत्व लगभग है

(ए) <u>1.7 डब्ल्यूबी / एम 2</u>

(बी) 2.7 डब्ल्यूबी / एम 2

(सी) 3.7 डब्ल्यूबी / एम 2

(डी) 4.7 डब्ल्यूबी / एम 2

11. एक ट्रांसफार्मर की दक्षता अधिकतम होगी जब

(ए) तांबे के नुकसान = हिस्टैरिसीस नुकसान

(बी) हिस्टैरिसीस नुकसान = एड़ी वर्तमान नुकसान

(सी) एड़ी वर्तमान नुकसान = तांबे के नुकसान

(डी) <u>तांबेकीहानि = लोहेकीहानि</u>

12. ट्रांसफार्मर में नो-लोड करंट

(ए) <u>वोल्टेजकेपीछेलगभग 75 डिग्री . पीछेहै</u>

(बी) वोल्टेज को लगभग 75 डिग्री सेल्सियस तक ले जाता है

(सी) वोल्टेज के पीछे लगभग 15 डिग्री . पीछे है

(डी) वोल्टेज को लगभग 15 डिग्री सेल्सियस तक ले जाता है

13. एक ट्रांसफॉर्मर में आयरन कोर प्रदान करने का उद्देश्य है

(ए) वाइंडिंग को समर्थन प्रदान करें

(बी) हिस्टैरिसीस नुकसान को कम करें

(सी) <u>चुंबकीयपथकीअनिच्छाकोकमकरें</u>

(डी) एड़ी के मौजूदा नुकसान को कम करें

14. निम्नलिखित में से कौन ट्रांसफॉर्मर इंस्टॉलेशन का हिस्सा नहीं है?

(ए) संरक्षक

(बी) सांस

(सी) बुकहोल्ज़ रिले

(डी) <u>एक्साइटर</u>

15. एक ट्रांसफॉर्मर पर शॉर्ट-सर्किट परीक्षण करते समय निम्नलिखित पक्ष शॉर्ट सर्किट होता है

(ए) उच्च वोल्टेज पक्ष

(बी) <u>कमवोल्टेजपक्ष</u>

(सी) प्राथमिक पक्ष

(डी) माध्यमिक पक्ष

16. ट्रांसफॉर्मर में निम्नलिखित वाइंडिंग को अधिक क्रॉस-सेक्शनल क्षेत्र मिला है

(ए) <u>कमवोल्टेजघुमावदार</u>

(बी) उच्च वोल्टेज घुमावदार

(सी) प्राथमिक घुमावदार

(डी) माध्यमिक घुमावदार

17. एक ट्रांसफॉर्मर बदलता है

(ए) वोल्टेज

(बी) वर्तमान

(सी) <u>शक्ति</u>

(डी) आवृत्ति

18. एक ट्रांसफार्मर डीसी आपूर्ति के वोल्टेज को बढ़ा या कम नहीं कर सकता क्योंकि

(ए) डीसी वोल्टेज को बदलने की कोई जरूरत नहीं है

(बी) एक डीसी सर्किट में अधिक नुकसान होता है

(सी)

विद्युतचुम्बकीयप्रेरणकेफैराडेकेनियममान्यनहींहैंक्योंकिप्रवाहकेपरिवर्तनकीदरशून्यहै

(डी) उपरोक्त में से कोई नहीं

19. ट्रांसफार्मर की प्राथमिक वाइंडिंग

(ए) हमेशा एक कम वोल्टेज घुमावदार है

(बी) हमेशा एक उच्च वोल्टेज घुमावदार है

(सी) यातोकमवोल्टेजयाउच्चवोल्टेजघुमावदारहोसकताहै

(डी) उपरोक्त में से कोई नहीं

20. ट्रांसफॉर्मर में किस वाइंडिंग में फेरों की संख्या अधिक होती है ?

(ए) कम वोल्टेज घुमावदार

(बी) उच्चवोल्टेजघुमावदार

(सी) प्राथमिक घुमावदार

(डी) माध्यमिक घुमावदार

21. एक बिजली ट्रांसफार्मर की दक्षता के क्रम की है

(ए) 100 प्रतिशत

(बी) 98 प्रतिशत

(सी) 50 प्रतिशत

(डी) 25 प्रतिशत

22. दिए गए ट्रांसफॉर्मर में दिए गए लागू वोल्टेज के लिए, नुकसान जो लोड परिवर्तन के बावजूद स्थिर रहते हैं:

(ए) घर्षण और विंडेज नुकसान

(बी) तांबे के नुकसान

(सी) हिस्टैरिसीसऔरएडीवर्तमाननुकसान

(डी) उपरोक्त में से कोई नहीं

23. बिजली ट्रांसफार्मर को ठंडा करने की एक सामान्य विधि है

(ए) प्राकृतिक वायु शीतलन

(बी) एयर ब्लास्ट कूलिंग

(सी) तेलठंडा

(डी) उपरोक्त में से कोई भी

24. एक ट्रांसफॉर्मर में नो लोड करंट लागू वोल्टेज से लगभग के कोण से पिछड़ जाता है

(ए) 180 डिग्री

(बी) 120″

(सी) 90 डिग्री

(डी) <u>75 डिग्री</u>

25. एक ट्रांसफार्मर में नियमित दक्षता निर्भर करती है

(ए) आपूर्ति आवृत्ति

(बी) लोड वर्तमान

(सी) लोड का पावर फैक्टर

(डी) <u>दोनों (बी) और (सी)</u>

26. ट्रांसफार्मर में एक संरक्षक का कार्य होता है

(ए) ट्रांसफार्मर को ठंडा करने के लिए ताजी हवा प्रदान करें

(बी) जरूरत के समय ट्रांसफार्मर को कूलिंग ऑयल की आपूर्ति करना

(सी) <u>गर्महोनेकेकारणतेलखर्चहोनेपरट्रांसफार्मरकोनुकसानसेबचाताहै</u>

(डी) उपरोक्त में से कोई नहीं

27. की रेटिंग तक के ट्रांसफार्मर के लिए प्राकृतिक तेल शीतलन का उपयोग किया जाता है

(ए) <u>3000 केवीए</u>

(बी) 1000 केवीए

(सी) 500 केवीए

(डी) 250 केवीए

28. पावर ट्रांसफार्मर को अधिकतम दक्षता के लिए डिज़ाइन किया गया है

(ए) <u>लगभगपूर्णभार</u>

(बी) 70% पूर्ण भार

(सी) 50% पूर्ण भार

(डी) कोई भार नहीं

29. वितरण ट्रांसफार्मर की अधिकतम दक्षता है

(ए) बिना किसी भार के

(बी) <u>50% पूर्णभारपर</u>

(सी) 80% पूर्ण भार पर

(डी) पूर्ण भार पर

30. ट्रांसफॉर्मर सांस लेता है जब

(ए) उस पर भार बढ़ता है

(बी) <u>उसपरभारकमहोजाताहै</u>

(सी) लोड स्थिर रहता है

(डी) उपरोक्त में से कोई नहीं

31. एक ट्रांसफॉर्मर का नो-लोड करंट होता है

(ए) उच्च परिमाण और कम शक्ति कारक है

(बी) उच्च परिमाण और उच्च शक्ति कारक है

(सी) छोटे परिमाण और उच्च शक्ति कारक है

(डी) छोटेपरिमाणऔरकमशक्तिकारकहै

32. आसन्न कुंडलियों के बीच स्पेसर दिए गए हैं

(ए) शीतलनतेलकोमुक्तमार्गप्रदानकरनेकेलिए

(बी) एक दूसरे से कॉइल्स को इन्सुलेट करने के लिए

(सी) दोनों (ए) और (बी)

(डी) उपरोक्त में से कोई नहीं

33. माध्यमिक रिसाव प्रवाह अधिक से अधिक

(ए) माध्यमिकप्रेरितईएमएफकमहोगा

(बी) प्राथमिक प्रेरित ईएमएफ कम होगा

(सी) प्राथमिक टर्मिनल वोल्टेज कम होगा

(डी) उपरोक्त में से कोई नहीं

34. स्टेप-अप ट्रांसफार्मर में आयरन कोर प्रदान करने का उद्देश्य है

(ए) प्राथमिक और माध्यमिक के बीच युग्मन प्रदान करने के लिए

(बी) आपसी प्रवाह के परिमाण को बढ़ाने के लिए

(सी) मैग-नेटाइजिंगकरंटकेपरिमाणकोकमकरनेकेलिए

(डी) उपरोक्त सभी सुविधाएं प्रदान करने के लिए

35. बिजली ट्रांसफार्मर एक स्थिर है

(ए) वोल्टेज डिवाइस

(बी) वर्तमान डिवाइस

(सी) पावर डिवाइस

(डी) मुख्यप्रवाहडिवाइस

36. समानांतर में काम कर रहे दो ट्रांसफार्मर उनके के आधार पर भार साझा करेंगे

(ए) रिसाव प्रतिक्रिया

(बी) प्रतियूनिटप्रतिबाधा

(सी) दक्षता

(डी) रेटिंग

37. यदि R2 ट्रांसफार्मर की द्वितीयक वाइंडिंग का प्रतिरोध है और K परिवर्तन अनुपात है तो प्राथमिक को संदर्भित समकक्ष द्वितीयक प्रतिरोध होगा

(ए) आर 2 / वीके

(बी) <u>आर2आईके2</u>

(सी) आर 22! के 2

(डी) आर 22 / के

38. क्या होगा यदि समानांतर में काम कर रहे ट्रांसफॉर्मर ध्रुवीयता के संबंध में जुड़े नहीं हैं?

(ए) दो ट्रांसफॉर्मर्स का पावर फैक्टर सामान्य लोड के पावर फैक्टर से अलग होगा

(बी) <u>गलतध्रुवताकेपरिणामस्वरूपमृतशॉर्टसर्किटहोगा</u>

(सी) ट्रांसफार्मर अपनी केवीए रेटिंग के अनुपात में लोड साझा नहीं करेंगे

(डी) उपरोक्त में से कोई नहीं

39. यदि समानांतर में काम कर रहे दो ट्रांसफार्मर के प्रतिशत प्रतिबाधा अलग हैं, तो

(ए) ट्रांसफार्मर अधिक गरम हो जाएंगे

(बी) दोनों ट्रांसफार्मर के शक्ति कारक समान होंगे

(सी) समानांतर संचालन संभव नहीं होगा

(डी) <u>समानांतरसंचालनअभीभीसंभवहोगा, लेकिनदोट्रांसफॉर्मरजिसपावरफैक्टरपरकामकरतेहैं, वहसामान्यलोडकेपावरफैक्टरसेअलगहोगा</u>

40. एक ट्रांसफार्मर में आम तौर पर टैपिंग प्रदान की जाती है

(ए) प्राथमिक पक्ष

(बी) माध्यमिक पक्ष

(सी) <u>कमवोल्टेजपक्ष</u>

(डी) उच्च वोल्टेज पक्ष

41. ट्रांसफॉर्मर डिजाइन में उच्च फ्लक्स घनत्व का उपयोग

(ए) <u>प्रतिकेवीएवजनकमकरताहै</u>

(6) लोहे के नुकसान को कम करता है

(सी) तांबे के नुकसान को कम करता है

(डी) भाग भार दक्षता बढ़ाता है

42. ट्रांसफॉर्मर के लिए ब्रीद में प्रयुक्त होने वाले रसायन का गुण होना चाहिए

(ए) आयनकारी हवा

(बी) <u>नमीकोअवशोषित</u>

(सी) ट्रांसफार्मर तेल की सफाई

(डी) ट्रांसफार्मर तेल को ठंडा करना।

43. सांस लेने में प्रयुक्त होने वाला रसायन है

(ए) एस्बेस्टस फाइबर

(बी) सिलिका रेत

(सी) सोडियम क्लोराइड

(डी) सिलिकाजेल

45. ट्रांसफार्मर रेटिंग आमतौर पर के संदर्भ में व्यक्त की जाती है

(ए) वोल्ट

(बी) एम्पीयर

(सी) किलोवाट

(डी) केवीए

46. चुंबकीय बलों द्वारा सेट किए गए टुकड़े टुकड़े के कंपन से उत्पन्न शोर को कहा जाता है

(ए) मैग्नेटोस्ट्रिक्शन

(बी) बू

(सी) हम

(डी) ज़ूम

47. एक ट्रांसफॉर्मर में हिस्टैरिसीस हानि सीबीमैक्स = अधिकतम फ्लक्स घनत्व के रूप में भिन्न होती है)

(ए) बीमैक्स

(बी) बीमैक्स1-6

(सी) बीमैक्स1-83

(डी) बी मैक्स

48. ट्रांसफार्मर कोर के निर्माण के लिए प्रयुक्त सामग्री आमतौर पर होती है

(एक लकड़ी

(बी) तांबा

(सी) एल्यूमीनियम

(डी) सिलिकॉनस्टील

49. एक ट्रांसफॉर्मर में प्रयुक्त लेमिनेशन की मोटाई आमतौर पर होती है

(ए) 0.4 मिमीसे 0.5 मिमी

(बी) 4 मिमी से 5 मिमी

(सी) 14 मिमी से 15 मिमी

(डी) 25 मिमी से 40 मिमी

50. एक ट्रांसफार्मर में संरक्षक का कार्य है

(ए) 'आंतरिक दोष' के खिलाफ प्रोजेक्ट करने के लिए

(बी) तांबे के साथ-साथ मुख्य नुकसान को कम करने के लिए

(सी) ट्रांसफार्मर तेल को ठंडा करने के लिए

(डी)

<u>सर-राउंडिंगकेतापमानमेंबदलावकेकारणट्रांसफार्मरतेलकेविस्तारऔरसंकुचनकाख्यालरखना</u>

51. भारत में विद्युत शक्ति के संचारण के लिए उच्चतम वोल्टेज है

(ए) 33 केवी।

(6) 66 केवी

(सी) 132 केवी

(डी) <u>400 केवी</u>

52. एक ट्रांसफार्मर में प्राथमिक और द्विवतीयक के बीच प्रतिरोध है

(ए) शून्य

(बी) 1 ओम

(सी) 1000 ओम

(डी) <u>अनंत</u>

53. एक ट्रांसफार्मर का तेल मुक्त होना चाहिए

(ए) कीचड़

(बी) गंध

(सी) गैसों

(डी) <u>नमी</u>

54. एक Buchholz रिले स्थापित किया जा सकता है

(ए) ऑटो-ट्रांसफॉर्मर

(बी) एयर कूल्ड ट्रांसफार्मर

(सी) वेल्डिंग ट्रांसफार्मर

(डी) <u>तेलठंडाट्रांसफार्मर</u>

55. आमतौर पर ट्रांसफार्मर तेल के पृथक्करण के कारण गैस मुक्त नहीं होती है जब तक कि तेल का तापमान अधिक न हो

(ए) 50 डिग्री सेल्सियस

(बी) 80 डिग्री सेल्सियस

(सी) 100 डिग्री सेल्सियस

(डी) <u>150 डिग्रीसेल्सियस</u>

56. एक ट्रांसफार्मर में हार्मोनिक्स उत्पन्न करने का मुख्य कारण हो सकता है

(ए) उतार-चढ़ाव लोड

(बी) खराब इन्सुलेशन

(सी) यांत्रिक कंपन

(डी) <u>कोरकीसंतृप्ति</u>

57. वितरण ट्रांसफार्मर आमतौर पर अधिकतम दक्षता के लिए डिज़ाइन किए जाते हैं

(ए) 90% लोड

(बी) शून्य भार

(सी) 25% भार

(डी) <u>50% भार</u>

58. ट्रांसफार्मर कोर के लिए सामग्री में निम्नलिखित में से कौन सा गुण आवश्यक रूप से वांछनीय नहीं है?

(ए) यांत्रिक शक्ति

(6) कम हिस्टैरिसीस हानि

(सी) <u>उच्चतापीयचालकता</u>

(डी) उच्च पारगम्यता

59. स्टार/स्टार ट्रांसफार्मर संतोषजनक ढंग से काम करते हैं जब

(ए) भार केवल असंतुलित है

(बी) <u>भारकेवलसंतुलितहै</u>

(सी) संतुलित और असंतुलित भार पर

(डी) उपरोक्त में से कोई नहीं

60. डेल्टा/स्टार ट्रांसफॉर्मर संतोषजनक ढंग से काम करता है जब

(ए) भार केवल संतुलित है

(बी) भार केवल असंतुलित है

(सी) <u>संतुलितऔरअसंतुलितभारपर</u>

(डी) उपरोक्त में से कोई नहीं

61. बुखोल्ज़ का रिले के विरुद्ध चेतावनी और सुरक्षा देता है

(ए) <u>ट्रांसफार्मरकेअंदरहीविद्युतदोष</u>

(बी) आउटगोइंग फीडर में ट्रांसफार्मर के बाहर विद्युत दोष

(सी) बाहर और अंदर दोनों दोषों के लिए

(डी) उपरोक्त में से कोई नहीं

62. एक ट्रांसफार्मर का चुंबकीय प्रवाह आमतौर पर छोटा होता है क्योंकि इसमें है

(ए) <u>छोटेहवाकाअंतर</u>

(बी) बड़े रिसाव प्रवाह

(सी) टुकड़े टुकड़े में सिलिकॉन स्टील कोर

(डी) कम घूर्णन भागों

63. निम्नलिखित में से कौन एक साधारण ट्रांसफार्मर में नहीं बदलता है?

(ए) <u>आवृत्ति</u>

(बी) वोल्टेज

(सी) वर्तमान

(डी) उपरोक्त में से कोई भी

64. ट्रांसफार्मर कोर के लिए सामग्री के लिए निम्नलिखित में से कौन सा गुण आवश्यक रूप से वांछनीय नहीं है?

(ए) कम हिस्टैरिसीस नुकसान

(बी) उच्च पारगम्यता

(सी) उच्चतापीयचालकता

(डी) पर्याप्त यांत्रिक शक्ति

65. एक ट्रांसफॉर्मर में लीकेज फ्लक्स निर्भर करता है

(ए) लोडवर्तमान

(बी) वर्तमान और वोल्टेज लोड करें

(सी) वर्तमान, वोल्टेज और आवृत्ति लोड करें

(डी) लोड करंट, वोल्टेज, फ्रीक्वेंसी और पावर फैक्टर

66. ट्रांसफार्मर में चुंबकीय प्रवाह का पथ होना चाहिए

(ए) उच्च अनिच्छा

(बी) कमप्रतिक्रिया

(सी) उच्च प्रतिरोध

(डी) कम प्रतिरोध

67. एक ट्रांसफॉर्मर में ध्वनि स्तर का परीक्षण होता है

(ए) विशेष परीक्षण

(बी) नियमित परीक्षण

(सी) टाइपटेस्ट

(डी) उपरोक्त में से कोई नहीं

68. निम्नलिखित में से कौन ट्रांसफार्मर पर नियमित परीक्षण नहीं है?

(ए) कोर इन्सुलेशन वोल्टेज परीक्षण

(बी) प्रतिबाधा परीक्षण

(सी) रेडियोहस्तक्षेपपरीक्षण

(डी) ध्रुवीयता परीक्षण

69. एक ट्रांसफार्मर में शून्य वोल्टेज विनियमन हो सकता है

(ए) प्रमुखशक्तिकारक

(बी) लैगिंग पावर फैक्टर

(सी) एकता शक्ति कारक

(डी) शून्य शक्ति कारक

70. पेचदार कॉइल का इस्तेमाल किया जा सकता है

(ए) उच्चकेवीएट्रांसफार्मरकाकमवोल्टेजपक्ष

(बी) उच्च आवृत्ति ट्रांसफार्मर

(सी) छोटे क्षमता ट्रांसफार्मर के उच्च वोल्टेज पक्ष

(डी) उच्च केवीए रेटिंग ट्रांसफार्मर के उच्च वोल्टेज पक्ष

1. एक अर्धचालक .... बंधों द्वारा बनता है।

ए] <u>सहसंयोजक</u>

बी] इलेक्ट्रोवैलेंट

सी] समन्वय

डी] उपरोक्त में से कोई नहीं

2. एक अर्धचालक में प्रतिरोध का .... तापमान गुणांक होता है।

सकारात्मक

बी] शून्य

सी] <u>नकारात्मक</u>

डी] उपरोक्त में से कोई नहीं

3. सबसे अधिक इस्तेमाल किया जाने वाला सेमीकंडक्टर ....

ए] जर्मेनियम

बी] <u>सिलिकॉन</u>

सी] कार्बन

डी] सल्फर

6. एक शुद्ध सिलिकॉन की प्रतिरोधकता लगभग ....

ए] 100 ओ सेमी

बी] <u>6000 हेसेमी</u>

सी] 3 x 105 ओ एम

डी] 6 x 10-8 हे सेमी

7. जब एक शुद्ध अर्धचालक को गर्म किया जाता है तो उसका प्रतिरोध ....

ए] ऊपर जाता है

बी] <u>नीचेचलाजाताहै</u>

सी] वही रहता है

डी] नहीं कह सकता

8. सेमीकंडक्टर क्रिस्टल की ताकत .... से आती है।

ए] नाभिकों के बीच बल

बी] प्रोटॉन के बीच बल

सी] <u>इलेक्ट्रॉन-जोड़ीबंधन</u>

डी] उपरोक्त में से कोई नहीं

9. जब एक शुद्ध अर्धचालक में पेंटावैलेंट अशुद्धता डाली जाती है, तो यह ....

ए] एक इन्सुलेटर

बी] एक आंतरिक अर्धचालक

सी] पी-प्रकार अर्धचालक

डी] <u>एन-प्रकारअर्धचालक</u>

10. अर्धचालक में पेंटावैलेंट अशुद्धता मिलाने से कई ....

ए] <u>मुक्तइलेक्ट्रॉन</u>

बी] छेद

सी] वैलेंस इलेक्ट्रॉन

डी] बाध्य इलेक्ट्रॉन

11. एक पेंटावैलेंट अशुद्धता में .... अणु की संयोजन क्षमता

ए] 35

बी] <u>4</u>

सी] 6

12. एक n-प्रकार का अर्धचालक .... है

ए] सकारात्मक चार्ज

बी] नकारात्मक चार्ज

सी] <u>विद्युतरूपसेतटस्थ</u>

डी] उपरोक्त में से कोई नहीं

14. अर्धचालक में त्रिसंयोजी अशुद्धता मिलाने से अनेक .... का निर्माण होता है।

ए] <u>छेद</u>

बी] मुक्त इलेक्ट्रॉन

सी] वैलेंस इलेक्ट्रॉन

डी] बाध्य इलेक्ट्रॉन

15. अर्धचालक में एक छिद्र को .... के रूप में परिभाषित किया जाता है।

ए] एक मुक्त इलेक्ट्रॉन

बी] <u>एकइलेक्ट्रॉनजोड़ीबंधनकाअधूराहिस्सा</u>

सी] एक मुक्त प्रोटॉन

डी] एक मुक्त न्यूट्रॉन

16. एक बाह्य अर्धचालक में अशुद्धता स्तर शुद्ध अर्धचालक का लगभग ..... होता है।

ए] 108 परमाणुओं के लिए 10 परमाणु

बी] <u>108 परमाणुओंकेलिए 1 परमाणु</u>

सी] 104 परमाणुओं के लिए 1 परमाणु

डी] 100 परमाणुओं के लिए 1 परमाणु

17. जैसे-जैसे शुद्ध अर्धचालक का डोपिंग बढ़ता है, अर्धचालक का थोक प्रतिरोध ....

ए] वही रहता है

बी] बढ़ता है

सी] घटता है

डी] उपरोक्त में से कोई नहीं

18. निकट में एक छिद्र और इलेक्ट्रॉन .... की ओर प्रवृत होंगे।

ए] एक दूसरे को पीछे हटाना

बी] एक दूसरे को आकर्षित करें

सी] एक दूसरे पर कोई प्रभाव नहीं है

डी] उपरोक्त में से कोई नहीं

19. एक अर्धचालक में, धारा चालन .... के कारण होता है।

ए] केवल छेद

B] केवल मुक्त इलेक्ट्रॉन

सी] छेद और मुक्त इलेक्ट्रॉन

डी] उपरोक्त में से कोई नहीं

20. थर्मल आंदोलन के कारण छिद्रों और मुक्त इलेक्ट्रॉनों की यादृच्छिक गति को .... कहा जाता है।

ए] प्रसार

बी] दबाव

सी] आयनीकरण

डी] उपरोक्त में से कोई नहीं

21. एक अग्रदिशिक बायस्ड pn जंक्शन डायोड में कोटि का प्रतिरोध होता है

ए] ठीक है

बी] ओ

सी] एमओ

डी] उपरोक्त में से कोई नहीं

22. एक पीएन जंक्शन पूर्वाग्रह को आगे बढ़ाने के लिए आवश्यक बैटरी कनेक्शन हैं ......

A] +ve टर्मिनल से p और –ve टर्मिनल से n . तक

B] -ve टर्मिनल से p और +ve टर्मिनल से n

C] -ve टर्मिनल से p और -ve टर्मिनल से n . तक

डी] उपरोक्त में से कोई नहीं

23. जर्मेनियम के लिए pn जंक्शन पर बैरियर वोल्टेज लगभग .... के बारे में है

ए] 5 वी

बी] 3 वी

सी] शून्य

डी] <u>3 वी</u>

24. pn जंक्शन के ह्रास क्षेत्र में .... की कमी होती है।

ए] स्वीकर्ता आयन

बी] <u>छेदऔरइलेक्ट्रॉन</u>

सी] दाता आयन

डी] उपरोक्त में से कोई नहीं

25. एक रिवर्स बायस पीएन जंक्शन में ....

ए] संकीर्ण कमी परत

बी] <u>लगभगकोईवर्तमाननहीं</u>

सी] बहुत कम प्रतिरोध

डी] बड़ा वर्तमान प्रवाह

26. एक पीएन जंक्शन .... के रूप में कार्य करता है।

ए] नियंत्रित स्विच

बी] द्विदिश स्विच

सी] <u>यूनिडायरेक्शनलस्विच</u>

डी] उपरोक्त में से कोई नहीं

27. एक रिवर्स बायस्ड pn जंक्शन में के क्रम का प्रतिरोध होता है

ठीक

बी] ओ

सी] <u>एमओ</u>

डी] उपरोक्त में से कोई नहीं

28. एक pn जंक्शन के आर-पार लीकेज करंट .... के कारण होता है।

ए] <u>अल्पसंख्यकवाहक</u>

बी] अधिकांश वाहक

सी] जंक्शन समाई

डी] उपरोक्त में से कोई नहीं

29. जब एक बाह्य अर्धचालक का तापमान बढ़ा दिया जाता है, तो स्पष्ट प्रभाव ......

ए] जंक्शन समाई

बी] <u>अल्पसंख्यकवाहक</u>

सी] अधिकांश वाहक

डी] उपरोक्त में से कोई नहीं

30. एक पीएन जंक्शन के लिए आगे के पूर्वाग्रह के साथ, कमी परत की चौड़ाई ....

ए] <u>घटताहै</u>

बी] बढ़ता है

सी] वही रहता है

डी] उपरोक्त में से कोई नहीं

31. एक pn जंक्शन में लीकेज करंट के क्रम का है

ए] आ

बी] एमए

सी] केए

डी] μA

32. एक आंतरिक अर्धचालक में, मुक्त इलेक्ट्रॉनों की संख्या ....

ए] <u>छिद्रोंकीसंख्याकेबराबरहोतीहै</u>

बी] छिद्रों की संख्या से अधिक है

C] छिद्रों की संख्या से कम है

डी] उपरोक्त में से कोई नहीं

33. कमरे के तापमान पर, एक आंतरिक अर्धचालक में ....

ए] केवल कई छेद

B] <u>कुछमुक्तइलेक्ट्रॉनऔरछिद्र</u>

C] केवल कई मुक्त इलेक्ट्रॉन

डी] कोई छेद या मुक्त इलेक्ट्रॉन नहीं

34. पूर्ण तापमान पर, एक आंतरिक अर्धचालक में ....

ए] कुछ मुक्त इलेक्ट्रॉन

बी] कई छेद

सी] कई मुक्त इलेक्ट्रॉन

डी] <u>कोईछेदयामुक्तइलेक्ट्रॉननहीं</u>

35. कमरे के तापमान पर, एक आंतरिक सिलिकॉन क्रिस्टल लगभग ...... के रूप में कार्य करता है

ए] एक बैटरी

बी] एक कंडक्टर

सी] <u>एकइन्सुलेटर</u>

डी] तांबे के तार का एक टुकड़ा

1. एक क्रिस्टल डायोड में ....

एक पीएन जंक्शन

दो पीएन जंक्शन

तीन पीएन जंक्शन

इनमे से कोई भी नहीं

उत्तर: 1

2. एक क्रिस्टल डायोड में .... के क्रम का अग्रगामी प्रतिरोध होता है।

को

मेँ

म

इनमे से कोई भी नहीं

उत्तर: 2

3. यदि क्रिस्टल डायोड प्रतीक का तीर धनात्मक wrt बार है, तो डायोड .... पक्षपाती है।

आगे

उल्टा

या तो आगे या पीछे

इनमे से कोई भी नहीं

उत्तर: 1

सेमीकंडक्टर डायोड

प्रश्न और उत्तर पीडीएफ

4. डायोड में रिवर्स करंट .... के क्रम का होता है।

केए

एमए

μA

ए

उत्तर: 3

5. एक सिलिकॉन डायोड के आर-पार आगे की वोल्टेज ड्रॉप होती है के बारे में ....

2.5 वी

3 वी

10 वी

0.7 वी

उत्तर: 4

6. क्रिस्टल डायोड का प्रयोग .... के रूप में किया जाता है।

एक प्रवर्धक

एक सुधारक

एक थरथरानवाला

एक वोल्टेज नियामक

उत्तर: 2

7. किसी क्रिस्टल डायोड का dc प्रतिरोध .... उसका ac प्रतिरोध होता है

बराबर

इससे अधिक

से कम

इनमे से कोई भी नहीं

उत्तर: 3

8. एक आदर्श क्रिस्टल डायोड वह होता है जो एक आदर्श के रूप में व्यवहार करता है

....

जब आगे पक्षपाती।

कंडक्टर

इन्सुलेटर

प्रतिरोध सामग्री

इनमे से कोई भी नहीं

उत्तर: 1

9. a . के विपरीत प्रतिरोध और अग्र प्रतिरोध का अनुपात

जर्मेनियम क्रिस्टल डायोड लगभग ....

1 1

100: 1

1000: 1

40,000 : 1

उत्तर: 4

10. क्रिस्टल डायोड में लीकेज करंट .... के कारण होता है।

अल्पसंख्यक वाहक

बहुसंख्यक वाहक

जंक्शन समाई

इनमे से कोई भी नहीं

उत्तर: 1

11. यदि क्रिस्टल डायोड का तापमान बढ़ जाता है, तो रिसाव

वर्तमान ....

वैसा ही रहता है

कम हो जाती है

बढ़ती है

शून्य हो जाता है

उत्तर: 3

12. एक क्रिस्टल डायोड की PIV रेटिंग .... समकक्ष की होती है

वैक्यूम डायोड

बराबर

से कम

इससे अधिक

इनमे से कोई भी नहीं

उत्तर: 2

13. यदि क्रिस्टल डायोड का डोपिंग स्तर बढ़ा दिया जाता है, तो ब्रेकडाउन

वोल्टेज............।

वैसा ही रहता है

बढ़ जाती है

घटा है

इनमे से कोई भी नहीं

उत्तर: 3

14. क्रिस्टल डायोड का घुटना वोल्टेज लगभग बराबर होता है

प्रति ....।

एप्लाइड वोल्टेज

बिजली की ख़राबी

वोल्टेज आगे बढ़ाएं

बाधा क्षमता

उत्तर: 4

15. जब धारा के माध्यम से और वोल्टेज के बीच का ग्राफ a

डिवाइस एक सीधी रेखा है, डिवाइस को .... के रूप में संदर्भित किया जाता है।

रैखिक

सक्रिय

अरेखीय

निष्क्रिय

उत्तर: 1

16. जब क्रिस्टल करंट डायोड करंट बड़ा होता है, तो बायस ....

आगे

श्लोक में

गरीब

उल्टा

उत्तर: 1

17. एक क्रिस्टल डायोड एक .... डिवाइस है

गैर रेखीय

द्विपक्षीय

रैखिक

इनमे से कोई भी नहीं

उत्तर: 1

18. एक क्रिस्टल डायोड सुधार के लिए .... विशेषता का उपयोग करता है

उल्टा

आगे

आगे या पीछे

इनमे से कोई भी नहीं

उत्तर: 2

19. जब एक क्रिस्टल डायोड को रेक्टिफायर के रूप में प्रयोग किया जाता है, तो सबसे महत्वपूर्ण

विचारणीय है ....

आगे की विशेषता

डोपिंग स्तर

रिवर्स विशेषता

तस्वीर रेटिंग

उत्तर: 4

20. यदि क्रिस्टल डायोड में डोपिंग स्तर बढ़ा दिया जाता है, तो की चौड़ाई रिक्तिकरण परत...........

वैसा ही रहता है

घटा है

वृद्धि में

इनमे से कोई भी नहीं

उत्तर: 3

21. एक जेनर डायोड में ....

एक पीएन जंक्शन

दो पीएन जंक्शन

तीन पीएन जंक्शन

इनमे से कोई भी नहीं

उत्तर: 1

22. जेनर डायोड का उपयोग .... के रूप में किया जाता है।

एक प्रवर्धक

एक वोल्टेज नियामक

एक सुधारक

एक मल्टीवीब्रेटर

उत्तर: 2

23. जेनर डायोड में डोपिंग स्तर क्रिस्टल डायोड का .... होता है

बराबर

से कम

इससे अधिक

इनमे से कोई भी नहीं

उत्तर: 3

24. एक जेनर डायोड हमेशा .... से जुड़ा रहता है।

उल्टा

आगे

या तो उल्टा या आगे

इनमे से कोई भी नहीं

उत्तर: 1

25. एक जेनर डायोड अपने संचालन के लिए .... विशेषताओं का उपयोग करता है।

आगे

उल्टा

आगे और पीछे दोनों

इनमे से कोई भी नहीं

उत्तर: 2

26. ब्रेकडाउन क्षेत्र में, जेनर डिडो एक .... की तरह व्यवहार करता है।

स्रोत।

स्थिर वोल्टेज

सतत प्रवाह

निरंतर प्रतिरोध

इनमे से कोई भी नहीं

उत्तर: 1

27. एक जेनर डायोड नष्ट हो जाता है यदि यह ....

आगे पक्षपाती है

उल्टा पक्षपाती है

रेटेड वर्तमान से अधिक वाहक

इनमे से कोई भी नहीं

उत्तर: 3

28. जेनर सर्किट में एक श्रृंखला प्रतिरोध .... से जुड़ा है।

जेनर को ठीक से उलट दें

जेनर की रक्षा करें

जेनर बायस को ठीक से फॉरवर्ड करें

इनमे से कोई भी नहीं

उत्तर: 2

29. एक जेनर डायोड .... होता है। उपकरण

एक गैर-रैखिक

एक रैखिक

एक प्रवर्धक

इनमे से कोई भी नहीं

उत्तर: 1

30. एक जेनर डायोड में .... ब्रेकडाउन वोल्टेज होता है

अपरिभाषित

तीखा

शून्य

इनमे से कोई भी नहीं

उत्तर: 2

31. .... रेक्टिफायर का फॉरवर्ड रेजिस्टेंस सबसे कम होता है

ठोस अवस्था

वेक्यूम - ट्यूब

गैस ट्यूब

इनमे से कोई भी नहीं

उत्तर: 1

32. मेन्स एसी पावर को .... के लिए डीसी पावर में परिवर्तित किया जाता है।

प्रकाश के उद्देश्य

हीटर

इलेक्ट्रॉनिक उपकरणों में उपयोग करना

इनमे से कोई भी नहीं

उत्तर: 3

33. हाफ वेव रेक्टिफायर का नुकसान यह है कि ....

घटक महंगे हैं

डायोड की उच्च शक्ति रेटिंग होनी चाहिए

आउटपुट को फ़िल्टर करना मुश्किल है

इनमे से कोई भी नहीं

उत्तर: 3

34. यदि हाफ-वेव रेक्टिफायर का एसी इनपुट $400/\sqrt{2}$. का आरएमएस मान है वोल्ट, तो डायोड PIV रेटिंग .... है।

$400/\sqrt{2}$ वी

400 वी

400 x 2 वी

इनमे से कोई भी नहीं

उत्तर: 2

35. हाफ-वेव रेक्टिफायर का रिपल फैक्टर .... है

21

.21

2.5

0.48

उत्तर: 4

36. .... के लिए ट्रांसफार्मर की आवश्यकता होती है।

हाफ-वेव रेक्टिफायर

सेंटर-टैप फुल-वेव रेक्टिफायर

ब्रिज फुल-वेव रेक्टिफायर

इनमे से कोई भी नहीं

उत्तर: 2

37. ब्रिज रेक्टिफायर में प्रत्येक डायोड की PIV रेटिंग .... that . है समतुल्य केंद्र-टैप दिष्टकारी का

एक आधा

बराबर

दो बार

चार बार

उत्तर: 1

38. समान माध्यमिक वोल्टेज के लिए, एक सेंटेप से आउटपुट वोल्टेज रेक्टिफायर ब्रिज रेक्टिफायर की तुलना में .... होता है

दो बार

तीन बार

चार बार

एक आधा

उत्तर: 4

39. यदि किसी डायोड की PIV रेटिंग पार हो जाती है, ...

डायोड खराब आचरण करता है

डायोड नष्ट हो जाता है

डायोड जेनर डायोड की तरह व्यवहार करता है

इनमे से कोई भी नहीं

उत्तर: 2

40. एक 10 वी बिजली की आपूर्ति .... का उपयोग करेगी। फिल्टर कैपेसिटर के रूप में।

कागज संधारित्र

अभ्रक संधारित्र

विद्युत - अपघटनी संधारित्र

वायु संधारित्र

उत्तर: 3

41. एक 1,000 वी बिजली की आपूर्ति फिल्टर कैपेसिटर के रूप में .... का उपयोग करेगी

कागज संधारित्र

वायु संधारित्र

अभ्रक संधारित्र

विद्युत - अपघटनी संधारित्र

उत्तर: 1

42. .... फ़िल्टर सर्किट का परिणाम सर्वोत्तम वोल्टेज विनियमन में होता है

चोक इनपुट

संधारित्र इनपुट

प्रतिरोध इनपुट

इनमे से कोई भी नहीं

उत्तर: 1

43. एक हाफ-वेव रेक्टिफायर में 240 V rms का इनपुट वोल्टेज होता है यदि स्टेप डाउन ट्रांसफॉर्मर का टर्न रेशियो 8:1 है, पीक लोड कितना है?

वोल्टेज? डायोड ड्रॉप पर ध्यान न दें।

27.5 वी

86.5 वी

30 वी

42.5 वी

उत्तर: 4

44. हाफ-वेव रेक्टिफायर की अधिकतम दक्षता .... है।

40.6%

81.2%

50%

25%

उत्तर: 1

45. सबसे व्यापक रूप से इस्तेमाल किया जाने वाला रेक्टिफायर .... है।

हाफ-वेव रेक्टिफायर

सेंटर-टैप फुल-वेव रेक्टिफायर

ब्रिज फुल-वेव रेक्टिफायर

इनमे से कोई भी नहीं

उत्तर:3

1. एक ट्रांजिस्टर में ....

ए] एक पीएन जंक्शन

बी] <u>दोपीएनजंक्शन</u>

सी] तीन पीएन जंक्शन

डी] चार पीएन जंक्शन

2. एक ट्रांजिस्टर में रिक्तीकरण परतों की संख्या ....

ए] चार

बी] तीन

सी] एक

डी] <u>दो</u>

3. ट्रांजिस्टर का आधार .... डोपेड होता है

ए] भारी

बी] मध्यम

सी] <u>हल्केसे</u>

डी] उपरोक्त में से कोई नहीं

4. ट्रांजिस्टर में सबसे बड़ा आकार वाला तत्व ....

ए] <u>कलेक्टर</u>

बी] आधार

सी] उत्सर्जक

डी] कलेक्टर-बेस-जंक्शन

5. एक pnp ट्रांजिस्टर में, करंट कैरियर्स .... होते हैं।

ए] स्वीकर्ता आयन

बी] दाता आयन

सी] मुक्त इलेक्ट्रॉन

डी] <u>छेद</u>

6. ट्रांजिस्टर का संग्राहक .... डाल दिया गया

ए] भारी

बी] <u>मध्यम</u>

सी] हल्के से

डी] उपरोक्त में से कोई नहीं

7. ट्रांजिस्टर एक .... संचालित उपकरण है

ए] <u>वर्तमान</u>

बी] वोल्टेज

सी] वोल्टेज और करंट दोनों

डी] उपरोक्त में से कोई नहीं

8. एनपीएन ट्रांजिस्टर में .... अल्पसंख्यक वाहक हैं

ए] मुक्त इलेक्ट्रॉन

बी] <u>छेद</u>

सी] दाता आयन

डी] स्वीकर्ता आयन

9. एक ट्रांजिस्टर का उत्सर्जक .... डोपेड होता है

ए] हल्के से

बी] <u>भारी</u>

सी] मध्यम

डी] उपरोक्त में से कोई नहीं

10. एक ट्रांजिस्टर में, बेस करंट उत्सर्जक धारा का लगभग .... होता है

ए] 25%

बी] 20%

सी] 35%

डी] <u>5%</u>

11. एक ट्रांजिस्टर के बेस-एमिटर जंक्शनों पर, कोई .... पाता है

ए] एक रिवर्स पूर्वाग्रह

बी] एक विस्तृत कमी परत

सी] <u>कमप्रतिरोध</u>

डी] उपरोक्त में से कोई नहीं

12. एक ट्रांजिस्टर का इनपुट प्रतिबाधा ....

ऊंचा

बी] कम

सी] बहुत ऊंचा

डी] लगभग शून्य

13. अधिकांश बहुसंख्यक वाहक उत्सर्जक से ....

ए] आधार में पुनर्संयोजन

बी] उत्सर्जक में पुनर्संयोजन

सी] आधारक्षेत्रसेकलेक्टरकेपासजाएं

डी] उपरोक्त में से कोई नहीं

14. वर्तमान आईबी .... है

ए] इलेक्ट्रॉनवर्तमान

बी] होल करंट

सी] दाता आयन वर्तमान

डी] स्वीकर्ता आयन करंट

15. एक ट्रांजिस्टर में ....

ए] आईसी = आईई + आईबी

बी] आईबी = आईसी + आईई

सी] आईई = आईसी - आईबी

डी] आईई = आईसी + आईबी

16. एक ट्रांजिस्टर का मान .... है।

ए] 1 . से अधिक

बी] 1 . सेकम

सी] 1

डी] उपरोक्त में से कोई नहीं

17. आईसी = एआईई + ...।

ए] आईबी

बी] आईसीईओ

सी] आईसीबीओ

डी] आईबी

18. एक ट्रांजिस्टर का आउटपुट प्रतिबाधा .... है।

ए] उच्च

बी] शून्य

सी] कम

डी] बहुत कम

19. एक टैन्सिस्टर में, IC = 100 mA और IE = 100.2 mA। का मान ....

ए] 100

बी] 50

सी] लगभग 1

डी] <u>200</u>

20. एक ट्रांजिस्टर में यदि = 100 और संग्राहक धारा 10 mA है, तो IE

है ....

ए] 100 एमए

बी] <u>100.1 एमए</u>

सी] 110 एमए

डी] उपरोक्त में से कोई नहीं

21. और a के बीच संबंध ....

ए] = 1 / (1 - ए)

बी] = (1 - ए) / ए

सी] <u>= ए / (1 - ए)</u>

डी] = ए / (1 + ए)

22. एक ट्रांजिस्टर के लिए का मान सामान्यतः .... होता है।

ए] 1 से कम 1

बी] 20 और 500 . के बीच

सी] <u>500 . सेऊपर</u>

23. सबसे अधिक इस्तेमाल की जाने वाली ट्रांजिस्टर व्यवस्था .... व्यवस्था है

ए] <u>आमउत्सर्जक</u>

बी] आम आधार

सी] आम कलेक्टर

डी] उपरोक्त में से कोई नहीं

24. .... व्यवस्था में जुड़े ट्रांजिस्टर का इनपुट प्रतिबाधा उच्चतम है

ए] आम उत्सर्जक

बी] <u>आमकलेक्टर</u>

सी] आम आधार

डी] उपरोक्त में से कोई नहीं

25. .... में जुड़े ट्रांजिस्टर का आउटपुट प्रतिबाधा।

ए] व्यवस्था उच्चतम है

बी] आम उत्सर्जक

सी] <u>आमकलेक्टर</u>

डी] आम आधार

इनमे से कोई भी नहीं

26. इनपुट और आउटपुट वोल्टेज के बीच चरण अंतर a

सामान्य आधार व्यवस्था ....

ए] 180o

बी] 90o

सी] 270o

डी] <u>0o</u>

27. .... में जुड़े ट्रांजिस्टर में शक्ति लाभ। व्यवस्था सर्वोच्च है

ए] <u>आमउत्सर्जक</u>

बी] आम आधार

सी] आम कलेक्टर

डी] उपरोक्त में से कोई नहीं

28. a . के इनपुट और आउटपुट वोल्टेज के बीच चरण अंतर

उभयनिष्ठ उत्सर्जक व्यवस्था में जुड़ा ट्रांजिस्टर ....

ए] 0o

बी] <u>180o</u>

सी] 90o

डी] 270o

29. .... में जुड़े ट्रांजिस्टर में वोल्टेज लाभ। व्यवस्था सर्वोच्च है

ए] आम आधार

बी] आम कलेक्टर

सी] <u>आमउत्सर्जक</u>

डी] उपरोक्त में से कोई नहीं

30. जैसे ही ट्रांजिस्टर का तापमान बढ़ता है, बेस-एमिटर प्रतिरोध ....

ए] <u>घटताहै</u>

बी] बढ़ता है

सी] वही रहता है

डी] उपरोक्त में से कोई नहीं

31. आम संग्राहक में जुड़े ट्रांजिस्टर का वोल्टेज लाभ

ए] व्यवस्था है ....

बी] 1 . के बराबर

सी] 10 . से अधिक

डी] <u>100 सेअधिक 1 सेकम</u>

32. सामान्य संग्राहक व्यवस्था में जुड़े ट्रांजिस्टर के इनपुट और आउटपुट वोल्टेज के बीच चरण अंतर .... है

ए] 180o

बी] <u>0o</u>

सी] 90o

डी] 270o

33. आईसी = आईबी + ...

ए] आईसीबीओ

बी] आईसी

सी] <u>आईसीईओ</u>

डी] एआईई

34. आईसी = [ए / (1 - ए)] आईबी + ...।

ए] <u>आईसीईओ</u>

बी] आईसीबीओ

सी] आईसी

डी] (1 - ए) आईबी

35. आईसी = [ए / (1 - ए)] आईबी + [........ / (1 - ए)]

ए] <u>आईसीबीओ</u>

बी] आईसीईओ

सी] आईसी

मरना

36. ईसा पूर्व 147 ट्रांजिस्टर इंगित करता है कि यह .... का बना है।

ए] जर्मेनियम

बी] <u>सिलिकॉन</u>

सी] कार्बन

डी] उपरोक्त में से कोई नहीं

37. ICEO = (.........) ICBO

ए] ß1

बी] + ए

सी] <u>1+</u>

डी] उपरोक्त में से कोई नहीं

38. सीबी मोड में एक ट्रांजिस्टर जुड़ा हुआ है। यदि यह समान बायस वोल्टेज के साथ CE मोड में कनेक्ट नहीं है, तो IE, IB और IC के मान .... होंगे।

ए] <u>वहीरहें</u>

बी] वृद्धि

सी] कमी

डी] उपरोक्त में से कोई नहीं

39. यदि a का मान 0.9 है, तो का मान ....

ए] 9

बी] 0.9

सी] 900

डी] <u>90</u>

40. एक ट्रांजिस्टर में, सिग्नल को .... सर्किट से स्थानांतरित किया जाता है

ए] कम प्रतिरोध के लिए उच्च प्रतिरोध

बी] <u>उच्चप्रतिरोधकेलिएकमप्रतिरोध</u>

सी] उच्च प्रतिरोध के लिए उच्च प्रतिरोध

डी] कम प्रतिरोध के लिए कम प्रतिरोध

41. एक ट्रांजिस्टर के प्रतीक में तीर दिशा को इंगित करता है

का ....।

A] उत्सर्जक में इलेक्ट्रॉन धारा

B] संग्राहक में इलेक्ट्रॉन धारा

C] <u>एमिटरमेंहोलकरंट</u>

डी] दाता आयन वर्तमान

42. CE व्यवस्था में लीकेज करंट .... होता है। कि सीबी व्यवस्था में

ए] <u>सेअधिक</u>

बी] से कम

सी] के समान

डी] उपरोक्त में से कोई नहीं

43. एक ताप सिंक का प्रयोग आमतौर पर ट्रांजिस्टर के साथ .... के लिए किया जाता है।

ए] आगे की धारा बढ़ाएं

बी] आगे की धारा को कम करें

सी] अत्यधिक डोपिंग के लिए क्षतिपूर्ति

डी] <u>अत्यधिकतापमानवृद्धिधकोरोकें</u>

44. a . के निर्माण में सबसे अधिक इस्तेमाल किया जाने वाला अर्धचालक

ट्रांजिस्टर ....

ए] जर्मेनियम

बी] <u>सिलिकॉन</u>

सी] कार्बन

डी] उपरोक्त में से कोई नहीं

45. ट्रांजिस्टर में कलेक्टर-बेस जंक्शन में .... होता है।

ए] हर समय आगे का पूर्वाग्रह

बी] <u>हरसमयरिवर्सबायस</u>

सी] कम प्रतिरोध

डी] उपरोक्त में से कोई नहीं

1. ट्रांजिस्टर बायसिंग .... का प्रतिनिधित्व करता है। स्थितियाँ

1. एसी

2. डीसी

3. दोनों एसी और डीसी

4. उपरोक्त में से कोई नहीं

उत्तर: 2

2. सर्किट में .... को रखने के लिए ट्रांजिस्टर बायसिंग किया जाता है

उचित प्रत्यक्ष धारा

उचित प्रत्यावर्ती धारा

बेस करंट छोटा

कलेक्टर वर्तमान छोटा

उत्तर: 1

3. ऑपरेटिंग पॉइंट .... का प्रतिनिधित्व करता है।

सिग्नल लागू होने पर IC और VCE का मान

संकेत का परिमाण

आईसी और वीसीई के शून्य संकेत मूल्य

इनमे से कोई भी नहीं

उत्तर : 3

ट्रांजिस्टर पूर्वाग्रह प्रश्न और उत्तर पीडीएफ

4. यदि एम्पलीफायर सर्किट में बायसिंग नहीं किया जाता है, तो इसका परिणाम ....

बेस करंट में कमी

बेवफा प्रवर्धन

अत्यधिक कलेक्टर पूर्वाग्रह

इनमे से कोई भी नहीं

उत्तर: 2

5. ट्रांजिस्टर बायसिंग आमतौर पर .... द्वारा प्रदान की जाती है।

बायसिंग सर्किट

पूर्वाग्रह बैटरी

डायोड

इनमे से कोई भी नहीं

उत्तर: 1

6. ट्रांजिस्टर सर्किट द्वारा विश्वसनीय प्रवर्धन के लिए, VBE . का मान चाहिए ....। एक सिलिकॉन ट्रांजिस्टर के लिए

शून्य रहो

0.01 वी . बनें

0.7 वी . से नीचे नहीं गिरना

0 वी और 0.1 वी . के बीच हो

उत्तर : 3

7. ट्रांजिस्टर के समुचित संचालन के लिए उसके संग्राहक को चाहिए पास होना ....

उचित आगे पूर्वाग्रह

उचित रिवर्स बायस

बहुत छोटा आकार

इनमे से कोई भी नहीं

उत्तर: 2

8. ट्रांजिस्टर सर्किट द्वारा विश्वसनीय प्रवर्धन के लिए, VCE का मान चाहिए .... सिलिकॉन ट्रांजिस्टर के लिए

1 वी . से नीचे नहीं गिरना

शून्य रहो

0.2 वी . बनें

इनमे से कोई भी नहीं

उत्तर: 1

9. सर्किट जो ऑपरेटिंग पॉइंट का सबसे अच्छा स्थिरीकरण प्रदान करता है है ....

बेस रेसिस्टर बायस

कलेक्टर प्रतिक्रिया पूर्वाग्रह

संभावित विभक्त पूर्वाग्रह

इनमे से कोई भी नहीं

उत्तर : 3

10. डीसी और एसी लोड लाइनों का प्रतिच्छेदन बिंदु प्रतिनिधित्व करता है ....

ऑपरेटिंग बिंदु

वर्तमान लाभ

वोल्टेज बढ़ना

इनमे से कोई भी नहीं

उत्तर: 1

11. स्थिरता कारक का एक आदर्श मान .... है।

100

200

200 . से अधिक

1

उत्तर: 4

12. प्रारंभिक अवस्था में शून्य संकेत IC आम तौर पर .... mA होता है एक ट्रांजिस्टर एम्पलीफायर का

41

3

10 से अधिक

उत्तर: 2

13. यदि केवल सिग्नल के कारण अधिकतम संग्राहक धारा 3 mA है, तो जीरो सिग्नल कलेक्टर करंट कम से कम .... के बराबर होना चाहिए।

6 एमए

एमए

3 एमए

1 एमए

उत्तर : 3

14. ट्रांजिस्टर बायसिंग की बेस रेसिस्टर विधि का नुकसान है बस यही है ....

यह जटिल है

. में परिवर्तन के प्रति संवेदनशील है

उच्च स्थिरता प्रदान करता है

इनमे से कोई भी नहीं

उत्तर: 2

15. बायसिंग सर्किट में 50 का स्थिरता कारक होता है। यदि के कारण होता है तापमान परिवर्तन, ICBO 1 μA से बदलता है, फिर IC बदल जाएगा द्वारा ....

100 μA

25 μA

20 μA

50 μA

उत्तर: 4

16. वोल्टेज विभक्त पूर्वाग्रह में अच्छे स्थिरीकरण के लिए, वर्तमान I1 प्रवाहित होता है R1 और R2 के माध्यम से बराबर या उससे अधिक होना चाहिए

10 आईबी

3 आईबी

2 आईबी

4 आईबी

उत्तर: 1

17. एक सिलिकॉन ट्रांजिस्टर में लीकेज करंट लगभग .... है जर्मेनियम ट्रांजिस्टर में लीकेज करंट

सौवां

एक दसवां

एक हजारवा

एक मिलियन

उत्तर : 3

18. संचालन बिंदु को .... भी कहा जाता है।

निर्दिष्ट बिंदु

मौन बिंदु

संतृप्ति बिन्दु

इनमे से कोई भी नहीं

उत्तर: 2

19. एक ट्रांजिस्टर सर्किट द्वारा उचित प्रवर्धन के लिए, ऑपरेटिंग बिंदु डीसी लोड लाइन के .... पर स्थित होना चाहिए

अंत बिंदु

मध्यम

अधिकतम वर्तमान बिंदु

इनमे से कोई भी नहीं

उत्तर: 2

20. एसी लोड लाइन पर ऑपरेटिंग पॉइंट ....

इसके अलावा लाइन

झूठ नहीं बोलता

झूठ बोल सकता है या नहीं

डेटा अपर्याप्त

उत्तर: 1

21. वोल्टेज विभक्त पूर्वाग्रह का नुकसान यह है कि इसमें ....

उच्च स्थिरता कारक

लो बेस करंट

कई प्रतिरोधक

इनमे से कोई भी नहीं

उत्तर : 3

22. थर्मल भगोड़ा तब होता है जब ....।

कलेक्टर उल्टा पक्षपाती है

ट्रांजिस्टर पक्षपाती नहीं है

एमिटर फॉरवर्ड बायस्ड है

जंक्शन समाई उच्च है

उत्तर: 2

23. ट्रांजिस्टर के उत्सर्जक परिपथ में प्रतिरोध का उद्देश्य एम्पलीफायर ....

अधिकतम उत्सर्जक धारा को सीमित करें

बेस-एमिटर पूर्वाग्रह प्रदान करें

उत्सर्जक धारा में परिवर्तन को सीमित करें

इनमे से कोई भी नहीं

उत्तर : 3

24. एक ट्रांजिस्टर एम्पलीफायर सर्किट में VCE = VCB + ...

वीबीई

2वीबीई

5 वीबीई

इनमे से कोई भी नहीं

उत्तर: 1

25. बेस रेसिस्टर विधि आमतौर पर .... में प्रयोग की जाती है

एम्पलीफायर सर्किट

स्विचिंग सर्किट

दिष्टकारी परिपथ

इनमे से कोई भी नहीं

उत्तर: 2

26. जर्मेनियम ट्रांजिस्टर एम्पलीफायर के लिए, VCE को .... for . चाहिए

वफादार प्रवर्धन

शून्य रहो

0.2 वी . बनें

0.7 वी . से नीचे नहीं गिरना

इनमे से कोई भी नहीं

उत्तर : 3

27. एक आधार प्रतिरोधक विधि में, यदि का मान 50 से बदल जाता है, तो कलेक्टर करंट एक कारक से बदल जाएगा ....

25

50

100

200

उत्तर: 2

28. कलेक्टर फीडबैक बायस सर्किट का स्थिरता कारक .... है।
आधार प्रतिरोधी पूर्वाग्रह की।

बराबर

इससे अधिक

से कम

इनमे से कोई भी नहीं

उत्तर : 3

29. एक बायसिंग सर्किट के डिजाइन में, कलेक्टर लोड RC का मान होता है द्वारा निर्धारित ....

वीसीई विचार

वीबीई विचार

आईबी विचार

इनमे से कोई भी नहीं

उत्तर: 1

30. यदि संग्राहक धारा IC का मान बढ़ता है, तो का मान वीसीई ....

वैसा ही रहता है

कम हो जाती है

बढ़ती है

इनमे से कोई भी नहीं

उत्तर: 2

31. यदि तापमान बढ़ता है, तो VCE का मान ....

वैसा ही रहता है

बढ़ जाती है

घटा है

इनमे से कोई भी नहीं

उत्तर : 3

32. संभावित विभक्त विधि में ऑपरेटिंग बिंदु का स्थिरीकरण है

द्वारा उपलब्ध कराया गया ....।

आरई विचार

आरसी विचार

वीसीसी विचार

इनमे से कोई भी नहीं

उत्तर 1

33. वीबीई का मूल्य ....।

IC से मध्यम सीमा तक निर्भर करता है

लगभग IC . से स्वतंत्र है

आईसी . पर अत्यधिक निर्भर है

इनमे से कोई भी नहीं

उत्तर: 2

34. जब तापमान बदलता है, तो ऑपरेटिंग बिंदु को स्थानांतरित कर दिया जाता है

प्रति ......।

आईसीबीओ में बदलाव

वीसीसी में बदलाव

सर्किट प्रतिरोध के मूल्यों में परिवर्तन

इनमे से कोई भी नहीं

उत्तर: 1

35. एक बेस रेसिस्टर बायस्स के लिए स्टेबिलिटी फैक्टर का मान ....

आरबी (ß+1)

(ß+1)आरसी

(ß+1)

1-ß

उत्तर : 3

36. एक विशेष बायसिंग परिपथ में, RE का मान लगभग ....

10 केओ

1 एमओ

100 केओ

800 ओ

उत्तर: 4

37. एक सिलिकॉन ट्रांजिस्टर बेस रेसिस्टर विधि के साथ पक्षपाती है। अगर =100,

वीबीई = 0.7 वी, शून्य सिग्नल कलेक्टर वर्तमान आईसी = 1 एमए और वीसीसी = 6 वी,

बेस रेसिस्टर आरबी का मान क्या है?

105 केओ

530 kO

315 kO

इनमे से कोई भी नहीं

उत्तर: 2

38. वोल्टेज विभक्त पूर्वाग्रह में, वीसीसी = 25 वी; आर1 = 10 केओ; आर2 = 2.2 वी; आरसी =

3.6 वी और आरई = 1 केओ। एमिटर वोल्टेज क्या है?

7 वी

3 वी

वी 8

वी

उत्तर: 4

39. उपरोक्त प्रश्न (Q38.) में, कलेक्टर वोल्टेज क्या है?

3 वी

8 वी

6 वी

7 वी

उत्तर: 1

40. वोल्टेज विभक्त पूर्वाग्रह में, ऑपरेटिंग बिंदु 3 वी, 2 एमए है। अगर वीसीसी = 9 वी, RC = 2.2 kO, RE का मान क्या है?

2000 ओ

1400 ओ

800 ओ

1600 ओ

उत्तर : 3

1. निम्नलिखित में से कौन डीसी सिस्टम के अनुप्रयोग हैं?

(ए) बैटरी चार्जिंग कार्य

(बी) आर्क वेल्डिंग

(सी) इलेक्ट्रोलाइटिक और इलेक्ट्रो-रासायनिक प्रक्रियाएं

(डी) सर्च लाइट के लिए आर्क लैंप

(ई) उपरोक्त सभी

उत्तर: ई

2. एसी सिस्टम को डीसी में बदलने के लिए निम्नलिखित में से कौन सी विधि का उपयोग किया जा सकता है?

(ए) रेक्टीफायर्स

(बी) मोटर कन्वर्टर्स

(सी) मोटर-जनरेटर सेट

(डी) रोटरी कन्वर्टर्स

(ई) उपरोक्त सभी

उत्तर: ई

3. सिंगल फेज रोटरी कन्वर्टर में स्लिप रिंग्स की संख्या होगी

(दो

(बी) तीन

(सी) चार

(डी) छह

(ई) कोई नहीं

उत्तर: ए

4. एक तुल्यकालिक कनवर्टर शुरू किया जा सकता है

(ए) एक छोटी सहायक मोटर के माध्यम से

(बी) एसी से। प्रेरण मोटर के रूप में पक्ष

(सी) डीसी पक्ष से डीसी मोटर के रूप में

(डी) उपरोक्त विधियों में से कोई भी

(ई) उपरोक्त विधियों में से कोई नहीं

उत्तर: डी

5. एक रोटरी कनवर्टर एक मशीन है जिसमें

(ए) एक आर्मेचर और एक क्षेत्र

(बी) दो आर्मेचर और एक क्षेत्र

(सी) एक आर्मेचर और दो फ़ील्ड

(डी) उपरोक्त में से कोई नहीं

उत्तर: ए

6. एक रोटरी कनवर्टर के कार्य को जोड़ता है

(ए) एक प्रेरण मोटर और एक डीसी जनरेटर

(बी) एक तुल्यकालिक मोटर और एक डीसी जनरेटर।

(सी) एक डीसी श्रृंखला मोटर और एक डीसी जनरेटर

(डी) उपरोक्त में से कोई नहीं

उत्तर: बी

7. निम्नलिखित में से कौन क्रिया में प्रतिवर्ती है?

(ए) मोटर जनरेटर सेट

(बी) मोटर कनवर्टर

(सी) रोटरी कनवर्टर

(डी) उपरोक्त में से कोई भी

(ई) उपरोक्त में से कोई नहीं

उत्तर: सी

8. निम्नलिखित में से कौन सी धातु आमतौर पर इलेक्ट्रोलिसिस द्वारा निर्मित होती है प्रक्रिया ?

(भार

(बी) एल्यूमिनियम

(सी) कॉपर

(डी) जिंक

(ई) उपरोक्त में से कोई नहीं

उत्तर: बी

9. मोटर कनवर्टर के साथ केवल डीसी वोल्टेज प्राप्त करना संभव है

(ए) 200-100 वी

(6) 600-800 वी

(सी) 1000-1200 वी

(डी) 1700-2000 वी

उत्तर: डी

10. आम तौर पर, निम्न में से किसका उपयोग किया जाता है, जब से बड़े पैमाने पर रूपांतरण होता है

एसी। डीसी बिजली की आवश्यकता है?

(ए) मोटर-जनरेटर सेट

(बी) मोटर कनवर्टर

(सी) रोटरी कनवर्टर

(डी) बुध चाप सुधारक

उत्तर: डी

11. सामान्य निर्माण और डिजाइन में एक रोटरी कनवर्टर, कमोबेश पसंद है

(ए) एक ट्रांसफार्मर

(बी) एक प्रेरण मोटर

(सी) एक अल्टरनेटर

(डी) कोई डीसी मशीन

उत्तर: डी

12. एक रोटरी कनवर्टर a . पर काम करता है

(ए) कम शक्ति कारक

(6) उच्च शक्ति कारक

(सी) शून्य शक्ति कारक

(डी) उपरोक्त में से कोई नहीं

उत्तर: बी

13. निम्नलिखित में से किस अनुप्रयोग में, प्रत्यक्ष धारा नितांत आवश्यक है?

(ए) रोशनी

(बी) इलेक्ट्रोलिसिस

(सी) परिवर्तनीय गति संचालन

(डी) कर्षण

उत्तर: बी

14. निम्नलिखित में से कौन सी ए.सी. मोटर्स का उपयोग आमतौर पर बड़े मोटर-जनरेटर में किया जाता है सेट?

(ए) तुल्यकालिक मोटर

(बी) गिलहरी पिंजरे प्रेरण मोटर

(सी) स्लिप रिंग इंडक्शन मोटर

(डी) उपरोक्त में से कोई भी

उत्तर: ए

15. एक रोटरी कनवर्टर में आर्मेचर धाराएं होती हैं

(ए) डीसी केवल

(बी) एसी केवल

(सी) आंशिक रूप से एसी और आंशिक रूप से डीसी

उत्तर: सी

16. निम्नलिखित में से किस उपकरण में प्रत्यक्ष धारा की आवश्यकता होती है?

(ए) टेलीफोन

(बी) रिले

(सी) समय स्विच

(D। उपरोक्त सभी

उत्तर: डी

17. एक रोटरी कनवर्टर में I2R उसी के डीसी जनरेटर की तुलना में नुकसान

आकार होगा

(ए) वही

(आशीर्वाद देना

(सी) डबल

(डी) तीन बार

उत्तर: बी

18. एक मरकरी आर्क रेक्टिफायर में धनात्मक आयन किस ओर आकर्षित होते हैं?

(ए) एनोड

(बी) कैथोड

(सी) खोल नीचे

(डी) पारा पूल

उत्तर: बी

19. आर्क रेक्टिफायर में बुध को कैथोड के लिए चुना जाता है क्योंकि

(ए) इसकी आयनीकरण क्षमता अपेक्षाकृत कम है

(बी) इसका परमाणु भार काफी अधिक है

(सी) इसका क्वथनांक और विशिष्ट गर्मी कम है

(डी) यह सामान्य तापमान पर तरल अवस्था में रहता है

(ई) उपरोक्त सभी

उत्तर: ई

20. पारे का आयनन विभव लगभग है

(ए) 5.4 वी

(बी) 8.4 वी

(सी) 10.4 वी

(डी) 16.4 वी

उत्तर: सी

21. मरकरी आर्क दिष्टकारी में चाप में संभावित गिरावट अलग-अलग होती है

(ए) 0.05 वी से 0.2 वी प्रति सेमी लंबाई चाप

(बी) 0.5 वी से 1.5 वी प्रति सेमी लंबाई चाप

(सी) 2 वी से 3.5 वी प्रति सेमी लंबाई चाप

(डी) उपरोक्त में से कोई नहीं

उत्तर: डी

22. एक पारा चाप दिष्टकारी के एनोड और कैथोड के बीच वोल्टेज ड्रॉप निम्नलिखित से मिलकर बनता है

(ए) एनोड ड्रॉप और कैथोड ड्रॉप

(बी) एनोड ड्रॉप और आर्क ड्रॉप

(सी) कैथोड ड्रॉप और आर्क ड्रॉप

(डी) एनोड ड्रॉप, कैथोड ड्रॉप और आर्क ड्रॉप

उत्तर: डी

23. ग्लास रेक्टिफायर आमतौर पर डीसी आउटपुट (अधिकतम .) में सक्षम इकाइयों में बने होते हैं

निरंतर रेटिंग) का

(ए) 100 ए 100 वी . पर

(बी) 200 ए 200 वी . पर

(सी) 300 ए 300 वी . पर

(डी) 400 ए 400 वी . पर

(ई) 500 ए 500 वी . पर

उत्तर: ई

24. मरकरी आर्क रेक्टिफायर में एनोड पर वोल्टेज ड्रॉप किसके कारण होता है?

(ए) पारा की स्वयं बहाल संपत्ति

(बी) उच्च आयनीकरण क्षमता

(सी) इलेक्ट्रोस्टैटिक क्षेत्र पर काबू पाने में खर्च की गई ऊर्जा

(डी) रेक्टिफायर के अंदर उच्च तापमान

उत्तर: सी

25. एक मरकरी आर्क दिष्टकारी की आंतरिक दक्षता निर्भर करती है

(ए) केवल वोल्टेज

(बी) केवल वर्तमान

(सी) वोल्टेज और वर्तमान

(डी) वर्तमान का आरएमएस मूल्य

(ई) उपरोक्त में से कोई नहीं

उत्तर: ए

26. यदि मरकरी आर्क रेक्टिफायर में कैथोड और एनोड कनेक्शन आपस में बदले जाते हैं

(ए) रेक्टिफायर काम नहीं करेगा

(बी) आंतरिक नुकसान कम हो जाएगा

(सी) आयन और इलेक्ट्रॉन दोनों धाराएं एक ही दिशा में आगे बढ़ेंगी

(डी) रेक्टिफायर कम दक्षता पर काम करेगा

उत्तर: ए

27. मरकरी आर्क रेक्टिफायर में कैथड वोल्टेज ड्रॉप किसके कारण होता है?

(ए) आयनीकरण में ऊर्जा का व्यय

(बी) सतह प्रतिरोध

(सी) इलेक्ट्रोस्टैटिक क्षेत्र पर काबू पाने में ऊर्जा का व्यय

(डी) पारा से इलेक्ट्रॉनों को मुक्त करने में ऊर्जा का व्यय

उत्तर: डी

28. पारा चाप दिष्टकारी में कैथोड स्पॉट उत्पन्न करने के लिए

(ए) एनोड गरम किया जाता है

(बी) ट्यूब खाली हो गई है

(सी) एक सहायक इलेक्ट्रोड का उपयोग किया जाता है

(डी) कम पारा वाष्प दबाव का उपयोग किया जाता है

उत्तर: सी

29. मरकरी आर्क रेक्टिफायर का लाभ यह है कि

(ए) यह वजन में हल्का है और छोटे फर्श की जगह घेरता है

(बी) इसकी उच्च दक्षता है

(सी) इसमें उच्च अधिभार क्षमता है

(डी) यह तुलनात्मक रूप से नीरव है

(ई) उपरोक्त सभी

उत्तर: ई

30. एक मरकरी पूल दिष्टकारी में, उसके इलेक्ट्रोडों पर वोल्टेज गिरता है

(ए) लोड के सीधे आनुपातिक है

(बी) लोड के विपरीत आनुपातिक है

(सी) लोड वर्तमान के साथ तेजी से बदलता है

(डी) लोड वर्तमान से लगभग स्वतंत्र है

उत्तर: डी

रेक्टीफायर और कन्वर्टर्स - इलेक्ट्रिकल इंजीनियरिंग साक्षात्कार प्रश्न

और जवाब

31. तीन-चरण पारा चाप रेक्टिफायर में प्रत्येक एनोड के लिए आचरण करता है

(ए) एक चक्र का एक तिहाई

(बी) एक चक्र का एक चौथाई

(सी) एक आधा चक्र

(डी) एक चक्र का दो तिहाई

उत्तर: ए

32. मरकरी आर्क रेक्टिफायर में नीले रंग की विशेषता किसके कारण होती है?

(ए) पारा का रंग

(बी) आयनीकरण

(सी) उच्च तापमान

(डी) इलेक्ट्रॉन धाराएं

उत्तर: बी

33. निम्न में से कौनसा मरकरी आर्क रेक्टिफायर कम से कम लहरदार डिलीवर करेगा वर्तमान?

(ए) छह चरण

(बी) तीन चरण

(सी) दो चरण

(डी) एकल चरण

उत्तर: ए

34. एक ग्लास बल्ब मरकरी आर्क रेक्टिफायर में अधिकतम करंट रेटिंग प्रतिबंधित है प्रति

(ए) 2000 ए

(बी) 1500 ए

(सी) 1000 ए

(डी) 500 ए

उत्तर: डी

35. मरकरी आर्क रेक्टिफायर में एनोड से कैथोड की ओर प्रवाहित होता है

(ए) आयनों

(बी) इलेक्ट्रॉनों

(सी) आयन और इलेक्ट्रॉन

(डी) उपरोक्त में से कोई भी

उत्तर: ए

36. जब एक रेक्टिफायर लोड किया जाता है तो निम्न में से कौन सी वोल्टेज ड्रॉप होती है?

(ए) ट्रांसफार्मर प्रतिक्रिया में वोल्टेज ड्रॉप

(6) ट्रांसफार्मर और स्मूथिंग चोक के प्रतिरोध में वोल्टेज की गिरावट

(सी) आर्क वोल्टेज ड्रॉप

(D। उपरोक्त सभी

उत्तर: डी

37. निम्नलिखित में से किस कारक पर चरणों की संख्या जिसके लिए एक रेक्टिफायर निर्भर डिजाइन किया जाना चाहिए?

(ए) रेक्टिफायर का वोल्टेज विनियमन कम होना चाहिए

(बी) आउटपुट सर्किट में कोई हार्मोनिक्स नहीं होना चाहिए

(सी) सिस्टम का पावर फैक्टर उच्च होना चाहिए

(डी) रेक्टिफायर आपूर्ति ट्रांसफार्मर का सर्वोत्तम लाभ के लिए उपयोग किया जाना चाहिए

(ई) उपरोक्त सभी

उत्तर: ई

38. एक मरकरी आर्क रेक्टिफायर में _________ विनियमन विशेषताएँ होती हैं

(एक सीधी पंक्ति

(बी) घुमावदार रेखा

(सी) घातीय

(डी) उपरोक्त में से कोई नहीं

उत्तर: डी

39. यह ट्रांसफॉर्मर का ________ है जिस पर के कोण का परिमाण होता है ओवरलैप निर्भर करता है।

(ए) प्रतिरोध

(बी) समाई

(सी) रिसाव प्रतिक्रिया

(डी) उपरोक्त में से कोई भी

उत्तर: सी

41. पारा चाप रेक्टिफायर के ग्रिड नियंत्रण में जब ग्रिड को धनात्मक बनाया जाता है कैथोड के सापेक्ष, तो यह उनके इलेक्ट्रॉनों को एनोड पर ले जा सकता है।

(ए) तेज करता है

(बी) धीमा

(सी) उपरोक्त में से कोई भी

(डी) उपरोक्त में से कोई नहीं

उत्तर: ए

42. ग्रिड वाले मरकरी आर्क रेक्टिफायर में, चाप को एनोड और के बीच मारा जा सकता है

कैथोड तभी होता है जब ग्रिड एक निश्चित क्षमता प्राप्त कर लेता है, इस क्षमता को ज्ञात किया जा रहा है

जैसा

(ए) अधिकतम ग्रिड वोल्टेज

(बी) महत्वपूर्ण ग्रिड वोल्टेज

(सी) उपरोक्त में से कोई भी

(डी) उपरोक्त में से कोई नहीं

उत्तर: बी

43. चरण-शिफ्ट नियंत्रण विधि में ग्रिड के परिवर्तन से नियंत्रण किया जाता है वोल्टेज।

(ए) परिमाण

(बी) ध्रुवीयता

(सी) चरण

(डी) उपरोक्त में से कोई भी

(ई) उपरोक्त में से कोई नहीं

उत्तर: सी

16.44. चरण-शिफ्ट नियंत्रण पद्धति में, एनोड और ग्रिड के बीच चरण परिवर्तन वोल्टेज के माध्यम से प्राप्त किया जा सकता है

(ए) शंट मोटर

(6) तुल्यकालिक मोटर

(सी) प्रेरण नियामक

(डी) तुल्यकालिक जनरेटर

उत्तर: सी

45. वाल्व रेक्टिफायर की तुलना में मेटल रेक्टिफायर को प्राथमिकता दी जाती है, जिसके कारण

निम्नलिखित फायदे?

(ए) वे यांत्रिक रूप से मजबूत हैं

(बी) उन्हें फिलामेंट हीटिंग के लिए किसी वोल्टेज की आवश्यकता नहीं होती है

(सी) दोनों (ए) और (बी)

(डी) उपरोक्त में से कोई नहीं

उत्तर: सी

46. निम्नलिखित में से कौन सा कथन गलत है?

(ए) कॉपर ऑक्साइड दिष्टकारी एक रैखिक उपकरण है

(बी) कॉपर ऑक्साइड दिष्टकारी एक पूर्ण शुद्ध करनेवाला नहीं है

(सी) कॉपर ऑक्साइड दिष्टकारी की दक्षता कम होती है

(डी) कॉपर ऑक्साइड रेक्टिफायर नियंत्रण सर्किट में उपयोग पाता है

(ई) प्रारंभिक जीवन के दौरान कॉपर ऑक्साइड दिष्टकारी स्थिर नहीं है

उत्तर: ए

47. कॉपर ऑक्साइड रेक्टिफायर की दक्षता शायद ही कभी अधिक होती है

(ए) 90 से 95%

(बी) 85 से 90%

(सी) 80 से 85%

(डी) 65 से 75%

उत्तर: डी

48. कॉपर ऑक्साइड रेक्टिफायर आमतौर पर ऊपर संचालित नहीं करने के लिए डिज़ाइन किया गया है

(ए) 10 डिग्री सेल्सियस

(बी) 20 डिग्री सेल्सियस

(सी) 30 डिग्री सेल्सियस

(डी) 45 डिग्री सेल्सियस

उत्तर: डी

49. सेलेनियम रेक्टिफायर को उच्च तापमान पर संचालित किया जा सकता है

(ए) 25 डिग्री सेल्सियस

(बी) 40 डिग्री सेल्सियस

(सी) 60 डिग्री सेल्सियस

(डी) 75 डिग्री सेल्सियस

उत्तर: डी

50. सेलेनियम रेक्टिफायर में ______ से ______ प्रतिशत तक की क्षमता होती है प्राप्य हैं

(ए) 25, 35

(बी) 40, 50

(सी) 60, 70

(डी) 75, 85

उत्तर: डी

51. सेलेनियम रेक्टिफायर की उम्र बढ़ने से आउटपुट वोल्टेज बदल सकता है

(ए) 5 से 10 प्रतिशत

(बी) 15 से 20 प्रतिशत

(सी) 25 से 30 प्रतिशत

(डी) उपरोक्त में से कोई नहीं

उत्तर: ए

52. सेलेनियम रेक्टिफायर्स के अनुप्रयोग आमतौर पर की क्षमता तक सीमित होते हैं

(ए) 10 वी

(बी) 30 वी

(सी) 60 वी

(डी) 100 वी

(ई) 200 वी

उत्तर: डी

53. निम्नलिखित में से कौन सा रेक्टिफायर्स आपूर्ति में व्यापक रूप से उपयोग किया गया है

इलेक्ट्रोप्लेटिंग के लिए दिष्ट धारा?

(ए) कॉपर ऑक्साइड रेक्टिफायर

(बी) सेलेनियम रेक्टीफायर्स

(सी) बुध चाप सुधारक

(डी) यांत्रिक सुधारक

(ई) उपरोक्त में से कोई नहीं

उत्तर: बी

54. एक कम्यूटिंग रेक्टिफायर में कम्यूटेटर द्वारा संचालित होता है

(ए) एक प्रेरण मोटर

(बी) एक तुल्यकालिक मोटर

(सी) एक डीसी श्रृंखला मोटर

(डी) एक डीसी शंट मोटर

उत्तर: बी

55. निम्न में से कौन सा रेक्टिफायर मुख्य रूप से कम वोल्टेज चार्ज करने के लिए उपयोग किया जाता है

एसी से बैटरी। आपूर्ति ?

(ए) मैकेनिकल रेक्टिफायर

(बी) कॉपर ऑक्साइड रेक्टीफायर

(सी) सेलेनियम रेक्टीफायर्स

(डी) इलेक्ट्रोलाइटिक रेक्टीफायर

(ई) बुध चाप सुधारक

उत्तर: डी

56. इलेक्ट्रोलाइटिक दिष्टकारी की दक्षता लगभग होती है

(ए) 80%

(बी) 70%

(सी) 60%

(डी) 40%

उत्तर: सी

57. पारा चाप दिष्टकारी कक्ष में निम्न में से कौन-सा नुकसान है?

(ए) चाप में वोल्टेज ड्रॉप

(6) एनोड पर वोल्टेज ड्रॉप

(सी) कैथोड पर वोल्टेज ड्रॉप

(D। उपरोक्त सभी

उत्तर: डी

58. मरकरी आर्क रेक्टिफायर की तुलना में मेटल रेक्टिफायर्स

(ए) कम तापमान पर काम करते हैं

(बी) उच्च वोल्टेज पर काम कर सकते हैं

(सी) भारी भार पर काम कर सकते हैं

(डी) खराब नियमन देना

(ई) उपरोक्त में से कोई नहीं

उत्तर: ए

59. एक मरकरी आर्क रेक्टिफायर में, एनोड आमतौर पर बना होता है

(ए) तांबा

(बी) एल्यूमीनियम

(सी) चांदी

(डी) ग्रेफाइट

(ई) टंगस्टन

उत्तर: डी

1. एक ट्यून्ड एम्पलीफायर .... का उपयोग करता है। भार

ए] प्रतिरोधी

बी] कैपेसिटिव

सी] एलसीटैंक

डी] आगमनात्मक

2. एक ट्यून्ड एम्पलीफायर आमतौर पर .... में संचालित होता है। संचालन

ए] कक्षा ए

बी] <u>कक्षासी</u>

सी] कक्षा बी

डी] उपरोक्त में से कोई नहीं

3. ट्यून्ड एम्पलीफायर का उपयोग .... अनुप्रयोगों में किया जाता है

ए] <u>रेडियोफ्रीक्वेंसी</u>

बी] कम आवृत्ति

सी] ऑडियो आवृत्ति

डी] उपरोक्त में से कोई नहीं

4. .... kHz से ऊपर की आवृत्तियों को रेडियो फ्रीक्वेंसी कहा जाता है

ए] 21

बी] 0

सी] 50

डी] <u>200</u>

6. एक ट्यून्ड एम्पलीफायर का वोल्टेज लाभ .... है। गुंजयमान आवृत्ति पर
कम से कम

बी] <u>अधिकतम</u>

सी] अधिकतम और न्यूनतम के बीच आधा रास्ता

डी] शून्य

7. समानांतर अनुनाद पर, रेखा धारा .... है।

ए] <u>न्यूनतम</u>

बी] अधिकतम

सी] काफी बड़ा

डी] उपरोक्त में से कोई नहीं

8. श्रृंखला अनुनाद पर, सर्किट .... प्रतिबाधा प्रदान करता है

ए] शून्य

बी] अधिकतम

सी] <u>न्यूनतम</u>

डी] उपरोक्त में से कोई नहीं

9. एक गुंजयमान सर्किट में .... तत्व होते हैं

ए] आर और एल केवल

बी] आर और सी केवल

सी] केवल आर

डी] एलऔरसी

10. श्रृंखला या समानांतर अनुनाद पर, सर्किट .... लोड के रूप में व्यवहार करता है

ए] कैपेसिटिव

बी] प्रतिरोधी

सी] आगमनात्मक

डी] उपरोक्त में से कोई नहीं

11. श्रेणी अनुनाद पर, L के सिरों पर वोल्टेज .... है। सी भर में वोल्टेज

ए] केबराबरलेकिनचरणमेंविपरीत

बी] के बराबर लेकिन चरण में

सी] से बड़ा लेकिन चरण के साथ

डी] से कम लेकिन चरण के साथ

12. जब या तो L या C को बढ़ाया जाता है, LC परिपथ की गुंजयमान आवृत्ति ....

ए] वही रहता है

बी] बढ़ता है

सी] घटताहै

डी] अपर्याप्त डेटा

13. समानांतर अनुनाद पर, नेट रिएक्टिव कंपोनेंट सर्किट करंट ....

ए] कैपेसिटिव

बी] शून्य

सी] आगमनात्मक

डी] उपरोक्त में से कोई नहीं

14. समानांतर अनुनाद में, परिपथ प्रतिबाधा .... है।

ए] सी/एलआर

बी] आर / एलसी

सी] सीआर / एल

डी] एल/सीआर

15. एक समानांतर एलसी सर्किट में, यदि इनपुट सिग्नल की आवृत्ति गुंजयमान आवृत्ति से ऊपर बढ़ जाती है तो ....

ए] एक्सएलबढ़ताहैऔरएक्ससीघटताहै

B] XL घटता है और XC बढ़ता है

सी] एक्सएल और एक्ससी दोनों बढ़ते हैं

D] XL और XC दोनों घटते हैं

16. एक LC परिपथ का Q .... द्वारा दिया जाता है।

ए] 2pfr x आर

बी] आर / 2pfrL

सी] 2pfrL / आर

डी] R2/2pfrL

17. यदि किसी LC परिपथ का Q बढ़ता है, तो बैंडविड्थ ....

ए] बढ़ता है

बी] घटताहै

सी] वही रहता है

डी] अपर्याप्त डेटा

18. श्रेणी अनुनाद पर, परिपथ धारा का शुद्ध प्रतिक्रियाशील घटक .... है।

ए] शून्य

बी] आगमनात्मक

सी] कैपेसिटिव

डी] उपरोक्त में से कोई नहीं

19. एल/सीआर के आयाम .... के हैं।

ए] फैराडो

बी] हेनरी

सी] ओहमो

डी] उपरोक्त में से कोई नहीं

20. यदि समानांतर एलसी सर्किट का एल/सी अनुपात बढ़ाया जाता है, तो सर्किट का क्यू ....

ए] कम हो गया है

बी] बढ़गयाहै

सी] वही रहता है

डी] उपरोक्त में से कोई नहीं

21. श्रेणी अनुनाद पर, अनुप्रयुक्त वोल्टेज और परिपथ के बीच का चरण कोण .... है।

ए] 90o

बी] 180o

सी] 0o

डी] उपरोक्त में से कोई नहीं

22. समानांतर अनुनाद पर, अनुपात एल/सी .... है।

ए] बहुतबडा

बी] शून्य

सी] छोटा

डी] उपरोक्त में से कोई नहीं

23. यदि किसी ट्यून किए गए परिपथ का प्रतिरोध बढ़ा दिया जाए, तो परिपथ का Q ....

ए] बढ़ा हुआ है

बी] <u>कमहोगयाहै</u>

सी] वही रहता है

डी] उपरोक्त में से कोई नहीं

24. एक ट्यूनेड सर्किट का क्यू .... की संपत्ति को संदर्भित करता है।

ए] संवेदनशीलता

बी] निष्ठा

सी] <u>चयनात्मकता</u>

डी] उपरोक्त में से कोई नहीं

25. समानांतर अनुनाद पर, लागू वोल्टेज और सर्किट वर्तमान के बीच चरण कोण .... है।

ए] 90o

बी] 180o

सी] <u>0o</u>

डी] उपरोक्त में से कोई नहीं

26. एक समान्तर LC परिपथ में, यदि संकेत आवृत्ति को गुंजयमान आवृत्ति से कम कर दिया जाता है, तो ....

A] <u>XL घटताहैऔर XC बढ़ताहै</u>

B] XL बढ़ता है और XC घटता है

C] लाइन करंट न्यूनतम हो जाता है

डी] उपरोक्त में से कोई नहीं

27. श्रृंखला अनुनाद में ....

ए] <u>वोल्टेजप्रवर्धन</u>

बी] वर्तमान प्रवर्धन

सी] वोल्टेज और वर्तमान प्रवर्धन दोनों

डी] उपरोक्त में से कोई नहीं

28. एक ट्यून्ड एम्पलीफायर का क्यू आम तौर पर .... है।

ए] 5 . से कम

बी] 10 . से कम

सी] <u>10 . सेअधिक</u>

डी] उपरोक्त में से कोई नहीं

29. एक ट्यून्ड एम्पलीफायर का क्यू 50 है। यदि एम्पलीफायर के लिए गुंजयमान आवृत्ति 1000kHZ है, तो बैंडविड्थ .... है।

ए] 10kHz

बी] 40 किलोहर्ट्ज़

सी] 30 किलोहर्ट्ज़

डी] <u>20 किलोहर्ट्ज़</u>

30. उपरोक्त प्रश्न में, कट-ऑफ आवृत्तियों के मान क्या हैं?

ए] 140 किलोहर्ट्ज़, 60 किलोहर्ट्ज़

बी] <u>1020 किलोहर्ट्ज़, 980 किलोहर्ट्ज़</u>

सी] 1030 किलोहर्ट्ज़, 970 किलोहर्ट्ज़

डी] उपरोक्त में से कोई नहीं

31. गुंजयमान आवृत्ति के ऊपर आवृत्तियों के लिए, एक समानांतर एलसी सर्किट एक .... के रूप में व्यवहार करता है। भार

ए] <u>कैपेसिटिव</u>

बी] प्रतिरोधी

सी] आगमनात्मक

डी] उपरोक्त में से कोई नहीं

32. समानांतर अनुनाद में ....

ए] वोल्टेज और वर्तमान प्रवर्धन दोनों

बी] वोल्टेज प्रवर्धन

सी] <u>वर्तमानप्रवर्धन</u>

डी] उपरोक्त में से कोई नहीं

33. गुंजयमान आवृत्ति से कम आवृत्तियों के लिए, एक श्रृंखला एलसी सर्किट एक .... भार के रूप में व्यवहार करता है

ए] प्रतिरोधी

बी] <u>कैपेसिटिव</u>

सी] आगमनात्मक

डी] उपरोक्त में से कोई नहीं

34. यदि उच्च स्तर की चयनात्मकता वांछित है, तो डबल-ट्यून सर्किट में .... होना चाहिए। युग्मन

ए] <u>ढीला</u>

बी] तंग

सी] गंभीर

डी] उपरोक्त में से कोई नहीं

35. डबल ट्यूनेड सर्किट में, यदि दो ट्यून किए गए सर्किट के बीच पारस्परिक अधिष्ठापन कम हो जाता है, तो अनुनाद वक्र का स्तर ....

ए] वही रहता है

बी] उतारा है

सी] <u>उठाया है</u>

डी] उपरोक्त में से कोई नहीं

36. गुंजयमान आवृत्ति के ऊपर आवृत्तियों के लिए, एक श्रृंखला एलसी सर्किट एक .... लोड के रूप में व्यवहार करता है

ए] प्रतिरोधी

बी] <u>आगमनात्मक</u>

सी] कैपेसिटिव

डी] उपरोक्त में से कोई नहीं

37. डबल ट्यून सर्किट का उपयोग .... में किया जाता है। एक रेडियो रिसीवर के चरण

ए] <u>अगर</u>

बी] ऑडियो

सी] आउटपुट

डी] उपरोक्त में से कोई नहीं

38. एक क्लास सी एम्पलीफायर हमेशा .... को चलाता है। भार

ए] एक शुद्ध प्रतिरोधी

बी] एक शुद्ध आगमनात्मक

सी] एक शुद्ध कैपेसिटिव

डी] <u>एकगुंजयमानटैंक</u>

39. ट्यून्ड क्लास सी एम्पलीफायरों का उपयोग .... के आरएफ सिग्नल के लिए किया जाता है।

ए] कम शक्ति

बी] उच्च शक्ति

सी] बहुत उच्च शक्ति

डी] <u>उपरोक्तमेंसेकोईनहीं</u>

40. गुंजयमान आवृत्ति के नीचे आवृत्तियों के लिए, एक समानांतर एलसी सर्किट .... भार के रूप में व्यवहार करता है

ए] <u>आगमनात्मक</u>

बी] प्रतिरोधी

सी] कैपेसिटिव

डी] उपरोक्त में से कोई नहीं

1. एक रेडियो रिसीवर में .... का प्रवर्धन होता है

ए] एक चरण

बी] दो चरण

सी] तीन चरण

डी] एकसेअधिकचरण

2. आरसी कपलिंग का उपयोग .... के लिए किया जाता है। विस्तारण

ए] वोल्टेज

बी] वर्तमान

सी] पावर

डी] उपरोक्त में से कोई नहीं

3. एक RC युग्मित एम्पलीफायर में, मध्य-आवृत्ति रेंज पर वोल्टेज लाभ ....।

ए] आवृत्ति के साथ अचानक परिवर्तन

बी] स्थिरहै

सी] आवृत्ति के साथ समान रूप से बदलता है

डी] उपरोक्त में से कोई नहीं

4. एक प्रवर्धक का आवृत्ति अनुक्रिया वक्र प्राप्त करने में ....

ए] एम्प्लीफायर स्तर का आउटपुट स्थिर रखा जाता है

बी] एम्पलीफायर आवृत्ति स्थिर रखी जाती है

सी] जेनरेटर आवृत्ति स्थिर रहती है

डी] जेनरेटरआउटपुटस्तरस्थिररहताहै

5. आरसी कपलिंग स्कीम का एक फायदा यह है कि ....अच्छा प्रतिबाधा मिलान

ए] अर्थव्यवस्था

बी] उच्चदक्षता

सी] उपरोक्त में से कोई नहीं

6. सर्वोत्तम आवृत्ति प्रतिक्रिया .... की होती है। युग्मन

ए] आरसी

बी] ट्रांसफार्मर

सी] प्रत्यक्ष

डी] उपरोक्त में से कोई नहीं

7. ट्रान्सफार्मर कपलिंग का प्रयोग .... प्रवर्धन के लिए किया जाता है

ए] पावर

बी] वोल्टेज

सी] वर्तमान

डी] उपरोक्त में से कोई नहीं

8. RC कपलिंग स्कीम में, कपलिंग कैपेसिटर CC काफी बड़ा होना चाहिए ....

ए] चरणों के बीच डीसी पास करने के लिए

बी] <u>कमआवृत्तियोंकोकमकरनेकेलिएनहीं</u>

सी] उच्च शक्ति को नष्ट करने के लिए

डी] उपरोक्त में से कोई नहीं

9. RC कपलिंग में कपलिंग कैपेसिटर का मान लगभग .... होता है।

ए] 100 पीएफ

बी] 0.1 μF

सी] 0.01 μF

डी] <u>10 μF</u>

11. जब एक मल्टीस्टेज एम्पलीफायर डीसी सिग्नल को बढ़ाना है, तो एक को .... कपलिंग का उपयोग करना चाहिए

ए] आरसी

बी] ट्रांसफार्मर

सी] <u>प्रत्यक्ष</u>

डी] उपरोक्त में से कोई नहीं

12. .... युग्मन अधिकतम वोल्टेज लाभ प्रदान करता है

ए] आरसी

बी] <u>ट्रांसफार्मर</u>

सी] प्रत्यक्ष

डी] प्रतिबाधा

13. व्यवहार में, वोल्टेज लाभ .... को व्यक्त किया जाता है

ए] <u>डीबी . में</u>

B] वोल्ट में

सी] एक संख्या के रूप में

डी] उपरोक्त में से कोई नहीं

14. ट्रांसफार्मर कपलिंग उच्च दक्षता प्रदान करता है क्योंकि ....

ए] कलेक्टर वोल्टेज बढ़ाया जाता है

बी] <u>प्रतिरोधककमहै</u>

सी] कलेक्टर वोल्टेज नीचे ले जाया जाता है

डी] उपरोक्त में से कोई नहीं

15. लोड प्रतिरोध होने पर ट्रांसफार्मर कपलिंग आमतौर पर नियोजित होती है ....

एक बड़ा

बी] बहुत बड़ा

सी] छोटा

डी] उपरोक्त में से कोई नहीं

16. यदि थ्री-स्टेज एम्पलीफायर का व्यक्तिगत चरण लाभ 10 डीबी, 5 डीबी और 12 डीबी है, तो डीबी में कुल लाभ .... है।

ए] 600 डीबी

बी] 24 डीबी

सी] 14 डीबी

डी] 27 डीबी

17. मल्टीस्टेज एम्पलीफायर का अंतिम चरण .... का उपयोग करता है

ए] आरसी कपलिंग

बी] ट्रांसफार्मरयुग्मन

सी] प्रत्यक्ष युग्मन

डी] प्रतिबाधा युग्मन

18. कान .... के प्रति संवेदनशील नहीं है।

ए] आवृत्तिविरूपण

बी] आयाम विकृति

सी] आवृत्ति के साथ-साथ आयाम विकृति

डी] उपरोक्त में से कोई नहीं

19. RC कपलिंग का उपयोग अत्यंत कम आवृत्तियों को बढ़ाने के लिए नहीं किया जाता है क्योंकि ....

ए] काफी बिजली नुकसान होता है

B] आउटपुट में hum है

C] कपलिंगकैपेसिटरकाविद्युतआकारबहुतबड़ाहोजाताहै

डी] उपरोक्त में से कोई नहीं

20. ट्रांजिस्टर एम्पलीफायरों में, हम .... का उपयोग करते हैं। प्रतिबाधा मिलान के लिए ट्रांसफार्मर

ए] कदम बढ़ाएं

बी] नीचेकदम

सी] समान मोड़ अनुपात

डी] उपरोक्त में से कोई नहीं

21. निचली और ऊपरी कट ऑफ आवृत्तियों को .... आवृत्तियां भी कहा जाता है

ए] साइडबैंड

बी] गुंजयमान

सी] अर्ध-गुंजयमान

डी] <u>अर्ध-शक्ति</u>

22. सत्ता में 1,000,000 गुना लाभ .... द्वारा व्यक्त किया जाता है।

ए] 30 डीबी

बी] <u>60 डीबी</u>

सी] 120 डीबी

डी] 600 डीबी

23. वोल्टेज में 1000 गुना का लाभ .... द्वारा व्यक्त किया जाता है।

ए] <u>60 डीबी</u>

बी] 30 डीबी

सी] 120 डीबी

डी] 600 डीबी

24. 1 डीबी .... शक्ति स्तर में परिवर्तन से मेल खाती है

ए] 50%

बी] 35%

सी] <u>26%</u>

डी] 22%

25. 1 डीबी .... से मेल खाती है। वोल्टेज या वर्तमान स्तर में परिवर्तन

ए] <u>40%</u>

बी] 80%

सी] 20%

डी] 25%

26. ट्रांसफॉर्मर कपलिंग की आवृत्ति प्रतिक्रिया ....

एक अच्छा

बी] बहुत अच्छा

सी] उत्कृष्ट

डी] <u>गरीब</u>

27. एक मल्टीस्टेज एम्पलीफायर के प्रारंभिक चरणों में, हम .... का उपयोग करते हैं।

ए] <u>आरसीकपलिंग</u>

बी] ट्रांसफार्मर युग्मन

सी] प्रत्यक्ष युग्मन

डी] उपरोक्त में से कोई नहीं

28. एक मल्टीस्टेज एम्पलीफायर का कुल लाभ .... के कारण अलग-अलग चरणों के लाभ के उत्पाद से कम है।

ए] युग्मन डिवाइस में बिजली की कमी

बी] <u>अगलेचरणकालोडिंगप्रभाव</u>

C] कई ट्रांजिस्टर का उपयोग

डी] कई कैपेसिटर का उपयोग

29. एक एम्पलीफायर का लाभ db में व्यक्त किया जाता है क्योंकि ....

ए] यह एक साधारण इकाई है

बी] गणना आसान हो जाती है

सी] <u>मानवकानप्रतिक्रियालॉगरिदमिकहै</u>

डी] उपरोक्त में से कोई नहीं

30. यदि एक एम्पलीफायर का शक्ति स्तर आधा हो जाता है, तो डीबी लाभ ...... से गिर जाएगा।

ए] 5 डीबी

बी] 2 डीबी

सी] 10 डीबी

डी] <u>3 डीबी</u>

31. 2000 का वर्तमान प्रवर्धन .... का लाभ है।

ए] 3 डीबी

बी] <u>66 डीबी</u>

सी] 20 डीबी

डी] 200 डीबी

32. एक एम्पलीफायर 0.1 W इनपुट सिग्नल प्राप्त करता है और 15 W सिग्नल पावर देता है। डीबी में पावर गेन क्या है?

ए] <u>8 डीबी</u>

बी] 6 डीबी

सी] 5 डीबी

डी] 4 डीबी

33. एक ऑडियो सिस्टम का पावर आउटपुट 18 W है। एक व्यक्ति को सिस्टम के आउटपुट (जोर या ध्वनि की तीव्रता) में वृद्धि को नोटिस करने के लिए, आउटपुट पावर को कितना बढ़ाया जाना चाहिए?

ए] 2 डब्ल्यू

बी] 6 डब्ल्यू

सी] <u>68 डब्ल्यू</u>

डी] उपरोक्त में से कोई नहीं

34. एक माइक्रोफोन का आउटपुट -52 डीबी पर रेट किया गया है। निर्दिष्ट शर्तों के तहत संदर्भ स्तर 1V है। समान ध्वनि स्थितियों में इस माइक्रोफ़ोन का आउटपुट वोल्टेज क्या है?

ए] 5 एमवी

बी] 2 एमवी

सी] 8 एमवी

डी] <u>5 एमवी</u>

35. आरसी कपलिंग आम तौर पर .... के कारण कम बिजली के अनुप्रयोगों तक ही सीमित है।

ए] युग्मन संधारित्र का बड़ा मूल्य

बी] <u>कमदक्षता</u>

सी] बड़ी संख्या में घटक

डी] उपरोक्त में से कोई नहीं

36. सीधे युग्मित किए जा सकने वाले चरणों की संख्या सीमित है क्योंकि ....

ए] <u>तापमानमेंपरिवर्तनथर्मलअस्थिरताकाकारणबनताहै</u>

बी] सर्किट भारी और महंगा हो जाता है

C] सर्किट को बायस करना मुश्किल हो जाता है

डी] उपरोक्त में से कोई नहीं

37. RC या ट्रांसफॉर्मर कपलिंग का उद्देश्य ....

ए] ब्लॉक एसी

बी] <u>एकचरणकेपूर्वाग्रहकोदूसरेसेअलगकरें</u>

सी] थर्मल स्थिरता बढ़ाएं

डी] उपरोक्त में से कोई नहीं

38. ऊपरी या निचली कट ऑफ आवृति को ....आवृति भी कहा जाता है

ए] गुंजयमान

बी] साइडबैंड

सी] <u>3 डीबी</u>

डी] उपरोक्त में से कोई नहीं

39. सिंगल स्टेज एम्पलीफायर की बैंडविड्थ .... है। एक मल्टीस्टेज एम्पलीफायर का

ए] <u>सेअधिक</u>

बी] वही

सी] से कम

डी] डेटा अपर्याप्त

40. एक मल्टीस्टेज एम्पलीफायर में एमिटर कैपेसिटर सीई का मान लगभग .... है।

ए] 1 µF

बी] 100 पीएफ

सी] 0.01 µF

डी] 50 µF

1. एक थरथरानवाला .... को परिवर्तित करता है

सी। डीसी पावर में पावर

सी। एसी पावर में पावर

एसी पावर में यांत्रिक शक्ति

इनमे से कोई भी नहीं

उत्तर : 2

2. एक LC ट्रांजिस्टर ऑसिलेटर में, एक्टिव डिवाइस ....

एलसी टैंक सर्किट

बायसिंग सर्किट

ट्रांजिस्टर

इनमे से कोई भी नहीं

उत्तर : 3

3. एक एलसी सर्किट में, जब कैपेसिटर अधिकतम होता है, तो प्रारंभ करनेवाला ऊर्जा .... है।

न्यूनतम

ज्यादा से ज्यादा

अधिकतम और न्यूनतम के बीच आधा रास्ता

इनमे से कोई भी नहीं

उत्तर 1

4. एक LC थरथरानवाला में, थरथरानवाला की आवृत्ति .... है। एल या सी.

के वर्ग के समानुपाती

सीधे आनुपातिक

के मूल्यों से स्वतंत्र

के वर्गमूल के व्युत्क्रमानुपाती

उत्तर - 4

5. एक थरथरानवाला .... का उत्पादन करता है। दोलनों

अवमन्दित

अन्देप्त

संग्राहक

इनमे से कोई भी नहीं

उत्तर : 2

6. एक थरथरानवाला .... प्रतिक्रिया को नियोजित करता है

सकारात्मक

नकारात्मक

न सकारात्मक न नकारात्मक

डेटा अपर्याप्त

उत्तर 1

7. एक एलसी ऑसिलेटर का उपयोग .... आवृत्तियों का उत्पादन करने के लिए नहीं किया जा सकता है

उच्च

ऑडियो

बहुत कम

बहुत ऊँचा

उत्तर : 3

8. हार्टले थरथरानवाला आमतौर पर .... में प्रयोग किया जाता है

रेडियो रिसीवर

रेडियो ट्रांसमीटर

टीवी रिसीवर

इनमे से कोई भी नहीं

उत्तर 1

9. एक फेज शिफ्ट ऑसिलेटर में, हम .... का उपयोग करते हैं। आरसी अनुभाग

दो

तीन

चार

इनमे से कोई भी नहीं

उत्तर : 2

10. एक फेज शिफ्ट ऑसिलेटर में, आवृत्ति निर्धारित करने वाले तत्व ....

एल और सी

आर, एल और सी

आर और सी

इनमे से कोई भी नहीं

उत्तर : 3

11. एक वियन ब्रिज थरथरानवाला .... का उपयोग करता है। प्रतिक्रिया

केवल सकारात्मक

केवल नकारात्मक

सकारात्मक और नकारात्मक दोनों

इनमे से कोई भी नहीं

उत्तर : 3

12. क्रिस्टल में पीजोइलेक्ट्रिक प्रभाव ....

यांत्रिक तनाव के कारण एक वोल्टेज विकसित हुआ

तापमान के कारण प्रतिरोध में परिवर्तन

तापमान के कारण आवृत्ति में परिवर्तन

इनमे से कोई भी नहीं

उत्तर 1

13. यदि क्रिस्टल आवृत्ति तापमान के साथ बदलती है, तो हम कहते हैं कि क्रिस्टल है .... तापमान गुणांक

सकारात्मक

शून्य

नकारात्मक

इनमे से कोई भी नहीं

उत्तर 1

14. क्रिस्टल थरथरानवाला आवृत्ति .... के कारण बहुत स्थिर है। क्रिस्टल का

कठोरता

कंपन

कम क्यू

उच्च क्यू

उत्तर - 4

15. आवेदन जहां सबसे अधिक संभावना एक क्रिस्टल थरथरानवाला मिल जाएगा है ....

रेडियो रिसीवर

रेडियो ट्रांसमीटर

एएफ स्वीप जनरेटर

इनमे से कोई भी नहीं

उत्तर : 2

16. एक थरथरानवाला एक एम्पलीफायर से भिन्न होता है क्योंकि यह ....

अधिक लाभ है

कोई इनपुट संकेत की आवश्यकता नहीं है

कोई डीसी आपूर्ति की आवश्यकता नहीं है

हमेशा एक ही इनपुट होता है

उत्तर : 2

17. दोलन के लिए एक शर्त है ....

180o . के फीडबैक लूप के चारों ओर एक फेज शिफ्ट

एक तिहाई के फीडबैक लूप के आसपास लाभ

0o . के फीडबैक लूप के चारों ओर एक फेज शिफ्ट

1 . से कम के फीडबैक लूप के आसपास लाभ

उत्तर : 3

18. दोलनों के लिए एक दूसरी शर्त है ....।

फीडबैक लूप के आसपास 1 का लाभ

फीडबैक लूप के आसपास कोई लाभ नहीं

फीडबैक सर्किट का ध्यान एक तिहाई होना चाहिए

फीडबैक सर्किट कैपेसिटिव होना चाहिए

उत्तर 1

19. एक निश्चित थरथरानवाला में A_v = 50. फीडबैक सर्किट का ध्यान अवश्य होना चाहिए

होना ....

1

01

10

02

उत्तर - 4

20. एक थरथरानवाला ठीक से शुरू करने के लिए, फीडबैक लूप के आसपास का लाभ होना चाहिए

शुरू में हो

1

1 . से बड़ा

1 से कम

फीडबैक सर्किट के क्षीणन के बराबर

उत्तर : 2

21. एक वीन-ब्रिज थरथरानवाला में, यदि सकारात्मक प्रतिक्रिया सर्किट में प्रतिरोध

घट जाती है, आवृत्ति..........

वैसा ही रहता है

कम हो जाती है

बढ़ती है

अपर्याप्त डेटा

उत्तर : 3

22. कोलपिट के थरथरानवाला में, प्रतिक्रिया प्राप्त की जाती है ....।

चुंबकीय प्रेरण द्वारा

एक गुदगुदी कुंडल द्वारा

स्प्लिट कैपेसिटर के केंद्र से

इनमे से कोई भी नहीं

उत्तर : 3

23. क्रिस्टल का क्यू .... के क्रम का है

100

1000

50

10,000 . से अधिक

उत्तर - 4

24. क्रिस्टल ऑसिलेटर्स में क्वार्ट्ज क्रिस्टल का सबसे अधिक उपयोग किया जाता है क्योंकि ....।

इसमें बेहतर विद्युत गुण हैं

यह आसानी से उपलब्ध है

यह काफी सस्ता है

इनमे से कोई भी नहीं

उत्तर 1

27. .... एक निश्चित आवृति थरथरानवाला है

चरण-शिफ्ट थरथरानवाला

हर्टली-ऑसिलेटर

कोलपिट का थरथरानवाला

क्रिस्टल थरथरानवाला

उत्तर - 4

28. एक LC थरथरानवाला में, यदि L के मान को चार गुना बढ़ा दिया जाए, तो की आवृत्ति

दोलन है ....

2 गुना बढ़ गया

4 गुना घट गया

4 गुना बढ़ गया

2 गुना घटे

उत्तर - 4

29. क्रिस्टल ऑसिलेटर की एक महत्वपूर्ण सीमा ....

इसका कम उत्पादन

इसका उच्च क्यू

क्वार्ट्ज क्रिस्टल की कम उपलब्धता

इसका उच्च उत्पादन

उत्तर 1

30. आमतौर पर प्रयोगशालाओं में उपयोग किया जाने वाला सिग्नल जनरेटर .... ऑसिलेटर है

वीन-ब्रिज

हार्टली

क्रिस्टल

चरण बदलाव

उत्तर 1

1.निम्नलिखित में से किस आधार प्रणाली में 123 एक वैध संख्या नहीं है?

(ए) बेस 10

(बी) आधार 16

(सी) बेस 8

(डी) आधार 3

2. 1 KB के स्टोरेज का मतलब बाइट्स की निम्न संख्या है

(ए) 1000

(बी)964

(सी) 1024

(डी) 1064

3. बाइनरी नंबर का ऑक्टल समतुल्य क्या है:

10111101

(ए) 675

(बी) 275

(सी) 572

(डी) 573।

4. सही कथन चुनें:

(ए) एक स्थितीय संख्या प्रणाली में, प्रत्येक प्रतीक अपनी स्थिति के बावजूद समान मूल्य का प्रतिनिधित्व करता है

(बी) सिस्टम में प्रतीकों की संख्या के बराबर मान के रूप में स्थिति संख्या प्रणाली में उच्चतम प्रतीक

(सी) सटीकबाइनरीढूंढनाहमेशासंभवनहींहोताहै

(डी) प्रत्येक हेक्साडेसिमल अंक को तीन बाइनरी प्रतीकों के अनुक्रम के रूप में दर्शाया जा सकता है।

5.(21.125)10 का बाइनरी कोड है

(ए) 10101.001

(बी) 10100.001

(सी) 10101.010

(डी) 10100.111।

6.A NAND गेट को यूनिवर्सल लॉजिक एलिमेंट कहा जाता है क्योंकि

(ए) यह सभी द्वारा उपयोग किया जाता है

(बी) किसीभीतर्कसमारोहकोअकेलेनंदद्वारद्वारामहसूसकियाजासकताहै

(सी) सभी खनन तकनीक इष्टतम नंद गेट प्राप्ति के लिए लागू हैं

(डी) कई डिजिटल कंप्यूटर नंद द्वार का उपयोग करते हैं।

7. एनालॉग कंप्यूटर की तुलना में डिजिटल कंप्यूटर अधिक व्यापक रूप से उपयोग किए जाते हैं,

क्योंकि वो है

(ए) कम खर्चीला

(बी) हमेशा अधिक सटीक और तेज

(सी) समस्याप्रकारोंकीविस्तृतश्रृंखलापरउपयोगी

(डी) बनाए रखना आसान है।

8. अधिकांश डिजिटल कंप्यूटरों में फ्लोटिंग पॉइंट हार्डवेयर नहीं होता है क्योंकि

(ए) फ्लोटिंगपॉइंटहार्डवेयरमहंगाहै

(बी) यह सॉफ्टवेयर से धीमा है

(सी) हार्डवेयर द्वारा फ्लोटिंग पॉइंट एडिशन करना संभव नहीं है

(डी) बिना किसी विशेष कारण के।

9. संख्या 1000 इसके ठीक बाद दिखाई देगी

(ए) एफएफएफएफएफ (हेक्स)

(बी) 1111 (बाइनरी)

(सी) 7777 (ऑक्टल)

(घ) उपरोक्तसभी।

10. (1(10101)2 is

(ए) <u>(37)10</u>

(बी) (69)10

(सी) (41)10

(डी) - (5)10

11. n चर द्वारा उत्पन्न किए जा सकने वाले बूलियन कार्यों की संख्या बराबर है

(ए) 2एन

(बी) <u>22 एन</u>

(सी) 2n-1

(डी) - 2n

12. दो के पूरक, एक के पूरक, या चिह्न और परिमाण द्वारा छह-बिट संख्याओं के प्रतिनिधित्व पर विचार करें: पूर्णांक 011000 और 011000 के अतिरिक्त से किस प्रतिनिधित्व में अतिप्रवाह है?

(ए) केवल दो के पूरक

(बी) संकेत और परिमाण और केवल एक का पूरक

(सी) दो के पूरक और केवल एक के पूरक

(डी) <u>सभीतीनप्रतिनिधित्व।</u>

13. एक हेक्साडेसिमल ओडोमीटर F 52 F प्रदर्शित करता है। अगली रीडिंग होगी

(ए) एफ52ई

(बी)जी52एफ

(सी)F53F

(डी) <u>F53O।</u>

14. तर्क परिपथ में धनात्मक तर्क वह है जिसमें

(ए) तर्क 0 और 1 क्रमशः 0 और सकारात्मक वोल्टेज द्वारा दर्शाए जाते हैं

(बी) तर्क 0 और -1 क्रमशः नकारात्मक और सकारात्मक वोल्टेज द्वारा दर्शाए जाते हैं

(सी) तर्क 0 वोल्टेज स्तर तर्क 1 वोल्टेज स्तर से अधिक है

(डी) <u>तर्क 0 वोल्टेजस्तरतर्क 1 वोल्टेजस्तरसेकमहै।</u>

15. निम्न में से कौन सा गेट दो स्तरीय लॉजिक गेट है

(ए) या गेट

(बी) नंद गेट

(सी) <u>अनन्ययागेट</u>

(डी) गेट नहीं।

16. लॉजिक परिवारों में, 4 बिट सिंक्रोनस काउंटर में 100 मेगाहट्र्ज से अधिक उच्च आवृत्ति पर उपयोग किया जा सकने वाला परिवार है

(ए) टीटीएलएएस

(बी) सीएमओएस

(सी) ईसीएल

(डी) टीटीएलएलएस

17. एक AND गेट OR if . के रूप में कार्य करेगा

(ए) फाटकों के लिए सभी इनपुट "1" हैं

(बी) सभी इनपुट '0' हैं

(सी) इनपुट में से कोई भी "1" है

(डी) सभीइनपुटऔरआउटपुटपूरकहैं।

18. एक OR गेट में 6 इनपुट होते हैं। इसकी सत्य तालिका में इनपुट शब्दों की संख्या है

(ए) 6

(बी) 32

(सी) 64

(डी) 128

19. एक डिबगिंग सर्किट है

(ए) एक अद्भुत एमवी

(बी) एक बस्टेबल एमवी

(सी) एककुंडी

(डी) एक मोनोस्टेबल एमवी।

20. नंद। द्वार दूसरों पर पसंद किए जाते हैं क्योंकि ये

(ए) कम निर्माण क्षेत्र है

(बी) किसीभीगेटकोबनानेकेलिएइस्तेमालकियाजासकताहै

(सी) कम से कम इलेक्ट्रॉनिक शक्ति का उपभोग करें

(डी) एक चिप में अधिकतम घनत्व प्रदान करते हैं।

21. OR गेट के मामले में, इनपुट की संख्या कितनी भी क्यों न हो, a

(ए) किसीभीइनपुटपर 1 आउटपुटकोतर्कपरहोनेकाकारणबनताहै 1

(बी) 1 किसी भी इनपुट पर आउटपुट को तर्क 0 . पर होने का कारण बनता है

(सी) 0 कोई भी इनपुट आउटपुट को तर्क 0 . पर होने का कारण बनता है

(डी) 0 किसी भी इनपुट पर आउटपुट को तर्क 1 पर होने का कारण बनता है।

22. 7400 NAND गेट का पंखा है

(ए) 2 टीटीएल

(बी) 5 टीटीएल

(सी) 8 टीटीएल

(डी) 10टीटीएल

23. अतिरिक्त -3 कोड को के रूप में जाना जाता है

(ए) भारित कोड

(बी) चक्रीय अतिरेक कोड

(सी) <u>स्व-पूरककोड</u>

(डी) बीजगणितीय कोड।

के24. डेटा के लिए 8 बिट, समता के लिए 1 बिट, मैं बिट शुरू करता हूं और 2 स्टॉप बिट्स मानता हूं, 1200 बीपीएस संचार लाइन संचारित कर सकने वाले वर्णों की संख्या है

(ए) 10 सीपीएस

(बी) 120 सीपीएस

(सी) <u>12 सीपीएस</u>

(डी) उपरोक्त में से कोई नहीं।

1. प्रोसेसर, मेन मेमोरी (रैम), हार्ड डिस्क, सीडी/डीवीडी ड्राइव, सीएमओएस, बीआईओएस चिप आदि _______ के अंदर रखे जाते हैं।

(ए) इनपुट यूनिट

(बी) <u>सेंट्रलप्रोसेसिंगयूनिट (सीपीयू)</u>

(सी) आउटपुट यूनिट

(डी) उन सभी

2. _______ में प्रोसेसर, मेन मेमोरी (रैम), हार्ड डिस्क, सीडी/डीवीडी ड्राइव, सीएमओएस, बीआईओएस चिप आदि को ठीक/कनेक्ट करने के लिए स्लॉट होते हैं।

(ए) <u>मदरबोर्ड</u>

(बी) ब्रेड बोर्ड

(सी) कुंजी बोर्ड

(डी) डैश बोर्ड

3. सीआरटी मॉनिटर के माध्यम से इनपुट प्रदान करने के लिए प्रयुक्त स्टाइलस को ________ कहा जाता है।

(ए) स्कैनर

(बी) डिजिटल टैबलेट

(सी) <u>लाइटपेन</u>

(डी) प्रिंटर

4. वीडीयू को _______ के रूप में विस्तारित किया जाता है।

(ए) <u>विजुअलडिस्प्लेयूनिट</u>

(बी) वर्चुअल डिस्प्ले यूनिट (सी) विजुअल डिसेप्शन यूनिट

(डी) दृश्य प्रदर्शन विश्वविद्यालय

5. कंप्यूटर मॉनीटर में, CRT का अर्थ _______ है।

(ए) कैडमियम रे ट्यूब

(बी) <u>कैथोडरेट्यूब</u>

(सी) कैथोड रे ट्विस्ट

(डी) कैथोड रिम

6. कैथोड रे ट्यूब (CRT) मॉनिटर में मॉनिटर के बीच बिजली की खपत का _________ स्तर होता है।

(ए) <u>उच्चतम</u>

(बी) सबसे कम

(सी) शून्य

(डी) कम से कम

7. LCD को ______ के रूप में विस्तारित किया जाता है।

(ए) रैखिक क्रिस्टल डिस्प्ले

(बी) लिक्विड क्रिस्टल डायलॉग

(सी) <u>लिक्विडक्रिस्टलडिस्प्ले</u>

(डी) तरल कनस्तर प्रदर्शन

8. LED को ________ के रूप में विस्तारित किया जाता है।

(ए) रैखिक उत्सर्जक डायोड

(बी) <u>प्रकाशउत्सर्जकडायोड</u>

(सी) तरल उत्सर्जक डायोड

(डी) प्रकाश उत्सर्जक प्रदर्शन

9. LCD मॉनिटर का डिस्प्ले LED मॉनिटर की तुलना में ________ होता है।

(एक लाइटर

(बी) भारी

(सी) उज्जवल

(डी) <u>सुस्त</u>

10. मॉनिटर स्क्रीन की ऊंचाई से चौड़ाई के अनुपात को _______ कहा जाता है।

(ए) <u>पहलूअनुपात</u>

(बी) लंबाई अनुपात

(सी) चौड़ाई अनुपात

(डी) विकर्ण अनुपात

11. आम तौर पर, सीआरटी मॉनिटरों का पहलू अनुपात __________ होता है।

(ए) 16:9

(बी) <u>4:3</u>

(सी) 16:10

(डी) 1:1

12. प्रिंटर का वह प्रकार जो प्रिंट बनाने के लिए कागज से टकराता है, _______ कहलाता है।

(एक मॉनिटर

(बी) स्कैनर

(सी) गैर-प्रभाव प्रकार प्रिंटर

(डी) <u>प्रभावप्रकारप्रिंटर</u>

13. प्रिंटर का वह प्रकार जो प्रिंट बनाने के लिए कागज से नहीं टकराता _______ कहलाता है।

(एक मॉनिटर

(बी) स्कैनर

(सी) <u>गैर-प्रभावप्रकारप्रिंटर</u>

(डी) प्रभाव प्रकार प्रिंटर

14. डॉट मैट्रिक्स प्रिंटर _______ श्रेणी के अंतर्गत आता है।

(एक मॉनिटर

(बी) स्कैनर

(सी) गैर-प्रभाव प्रकार प्रिंटर

(डी) <u>प्रभावप्रकारप्रिंटर</u>

15. लेजर प्रिंटर, इंकजेट प्रिंटर, थर्मल प्रिंटर और प्लॉटर _____ श्रेणी से संबंधित हैं।

(एक मॉनिटर

(बी) स्कैनर

(सी) <u>गैर-प्रभावप्रकारप्रिंटर</u>

(डी) प्रभाव प्रकार प्रिंटर

16. थर्मल प्रिंटर _______ कोटेड पेपर का उपयोग करता है, जो गर्म करने पर काला हो जाता है।

(ए) क्रोमियम

(बी) <u>बिसफिनोल</u>

(सी) निकल

(डी) टोनर पाउडर

17. वह इकाई जो कंप्यूटर की अपनी इकाइयों के लिए आवश्यक विभिन्न वोल्टेज में बिजली की आपूर्ति को विभाजित करती है, _______ कहलाती है।

(ए) ट्रांसफार्मर

(बी) <u>स्विचमोडबिजलीकीआपूर्ति (एसएमपीएस)</u>

(सी) ट्रांजिस्टर

(डी) ट्रांसड्यूसर

18. कंप्यूटर में SMPS का फुल फॉर्म _______ है।

(ए) सिंक मोड बिजली की आपूर्ति

(बी) <u>स्विचमोडबिजलीकीआपूर्ति</u>

(सी) स्टेक मोड बिजली की आपूर्ति

(डी) स्विच मोड पावर सॉकेट

19. एक डेस्कटॉप कंप्यूटर में, _______ रेडियो फ्रीक्वेंसी इंटरफेरेंस उत्पन्न करता है।

(ए) एसएमपीएस

(बी) <u>माइक्रो-प्रोसेसर</u>

(रत्ता मार

(डी) माउस

20. बाह्य उपकरणों को जोड़ने के लिए सीपीयू के फ्रंट पैनल या रियर पैनल में दिए गए उद्घाटन को _______ कहा जाता है।

(ए) सॉकेट

(बी) पिन

(सी) <u>बंदरगाह</u>

(डी) भाग

21. बाहरी डायलअप मॉडेम को _______ पोर्ट का उपयोग करके कंप्यूटर से जोड़ा जा सकता है।

(ए) <u>आरएस 232 / धारावाहिक</u>

(बी) पीएस / 2

(सी) वीजीए

(डी) एलपीटी

22. पुराने स्टाइल (SIMPLEX) प्रिंटर (जैसे डॉट मैट्रिक्स प्रिंटर) को _______ पोर्ट का उपयोग करके कंप्यूटर से जोड़ा जा सकता है।

(ए) आरएस 232 / धारावाहिक

(बी) पीएस / 2

(सी) वीजीए

(डी) <u>एलपीटी</u>

23. आधुनिक (DUPLEX) प्रिंटर (जैसे LASER जेट, इंकजेट प्रिंटर) को _______ पोर्ट का उपयोग करके कंप्यूटर से जोड़ा जा सकता है।

(ए) आरएस232 /

(बी) <u>यूएसबी</u>

(सी) पीएस / 2

(डी) वीजीए

24. ब्रॉडबैंड कनेक्शन को _______ पोर्ट के माध्यम से जोड़ा जा सकता है।

(ए) <u>आरजे 45 / ईथरनेट</u>

(बी) यूएसबी

(सी) पीएस / 2

(डी) वीजीए

25. प्रिंटर, फैक्स मशीन, स्कैनर, वेब कैमरा, बाहरी डीवीडी राइटर, बाहरी हार्ड डिस्क आदि को _______ पोर्ट का उपयोग करके कंप्यूटर से जोड़ा जा सकता है।

(ए) आरजे 45

(बी) <u>यूएसबी</u>

(सी) पीएस / 2

(डी) वीजीए

26. जॉयस्टिक को _______ पोर्ट का उपयोग करके कंप्यूटर से जोड़ा जा सकता है।

(ए) 3.5 मिमी जैक

(बी) आरजे11

(सी) आरजे 45

(डी) <u>खेल</u>

27. PS/2 का अर्थ _______ है।

(ए) पंजीकृत जैक 11

(बी) पंजीकृत जैक 45

(सी) <u>व्यक्तिगतप्रणाली 2</u>

(डी) अनुशंसित मानक 232

28. RJ11 _______ के लिए खड़ा है।

(ए) <u>पंजीकृतजैक 11</u>

(बी) पंजीकृत जैक 45

(सी) व्यक्तिगत प्रणाली 2

(डी) अनुशंसित मानक 232

29. RJ45 _______ के लिए खड़ा है।

(ए) पंजीकृत जैक 11

(बी) <u>पंजीकृतजैक 45</u>

(सी) व्यक्तिगत प्रणाली 2

(डी) अनुशंसित मानक

30. RS232 _______ के लिए खड़ा है।

(ए) पंजीकृत जैक 11

(बी) पंजीकृत जैक 45

(सी) व्यक्तिगत प्रणाली 2

(डी) <u>अनुशंसितमानक 232</u>

31. RJ45 पोर्ट को अन्यथा _______ कहा जाता है।

(ए) <u>ईथरनेट</u>

(बी) एलपीटी

(सी) यूएसबी

(डी) वीजीए

32. IEEE 1392 पोर्ट को अन्यथा _______ कहा जाता है

(ए) ईथरनेट

(बी) एलपीटी

(सी) यूएसबी

(डी) <u>फायरवायर</u>

33. एलपीटी का अर्थ _______ है।

(ए) पंजीकृत जैक 11

(बी) पंजीकृत जैक 45

(सी) <u>लाइनप्रिंटरटर्मिनल</u>

(डी) अनुशंसित मानक 232

34. यूएसबी का अर्थ _______ है।

(ए) पंजीकृत जैक 11

(बी) पंजीकृत जैक 45

(सी) लाइन प्रिंटर टर्मिनल

(डी) <u>यूनिवर्सलसीरियलबस</u>

35. पीसी के पोर्ट से हाई डेफिनिशन ग्राफिक्स आउटपुट लिया जा सकता है।

(ए) 3.5 मिमी जैक

(बी) <u>एचडीएमआई</u>

(सी) आरजे 45

(डी) एलपीटी

36. एचडीएमआई का अर्थ है

(ए) पंजीकृत जैक

(बी) <u>हाईडेफिनिशनमल्टीमीडियाइंटरफेस</u>

(सी) लाइन प्रिंटर टर्मिनल

(डी) यूनिवर्सल सीरियल बस

37. मुख्य रूप से हार्डकॉपी प्रदान करने के लिए उपयोग किया जाने वाला उपकरण है

ए) सीआरटी

बी) कंप्यूटर कंसोल

सी) <u>प्रिंटर</u>

घ) कार्ड रीडर

38. डॉट-मैट्रिक्स, डेस्कजेट, इंकजेट और लेजर सभी प्रकार के कंप्यूटर पेरिफेरल्स हैं?

ए) <u>प्रिंटर</u>

बी) सॉफ्टवेयर

ग) मॉनिटर्स

डी) कीबोर्ड

39. लेजर प्रिंटर का संबंध है

ए) लाइन प्रिंटर

बी) <u>पेजप्रिंटर</u>

सी) बैंड प्रिंटर

d) डॉट मैट्रिक्स प्रिंटर

40. जॉयस्टिक का प्रयोग मुख्यतः किसके लिए किया जाता है?

ए) स्क्रीन पर ध्वनि को नियंत्रित करें

बी) <u>कंप्यूटरगेमिंग</u>

सी) टेक्स्ट दर्ज करें

डी) चित्र बनाएं

41. यूएसबी संदर्भित करता है

ए) एक भंडारण

बी) एक प्रोसेसर

सी) <u>एकबंदरगाहप्रकार</u>

डी) एक सीरियल बस मानक

42. ____ को स्क्रीन या मॉनिटर भी कहा जा सकता है।

एक प्रिंटर

बी) स्कैनर

सी) हार्ड डिस्क

डी) <u>प्रदर्शन</u>

43. प्रिंटर की गति की गति से सीमित होती है

ए) कागज आंदोलन

बी) <u>कारतूसकाइस्तेमालकिया</u>

ग) कागज की लंबाई

घ) ये सभी

44. ओसीआर प्रकाश स्रोत की सहायता से पात्रों के ______ को पहचानता है।

ए) आकार

बी) <u>आकार</u>

सी) रंग

घ) प्रयुक्त स्याही

45. लेजर प्रिंटर से संबंधित है

ए) लाइन प्रिंटर

बी) <u>पेजप्रिंटर</u>

सी) बैंड प्रिंटर

d) डॉट मैट्रिक्स प्रिंटर

46. वीडियो गेम, फ्लाइट सिमुलेटर, प्रशिक्षण सिमुलेटर और औद्योगिक रोबोट को नियंत्रित करने के लिए उपयोग किया जाने वाला उपकरण।

एक माउस

बी) लाइट पेन

ग) <u>जॉयस्टिक</u>

डी) कीबोर्ड

47. स्वचालित टेलर मशीन या एटीएम जैसे अनासक्त इंटरैक्टिव सूचना प्रणाली को ______ कहा जाता है

ए) <u>कियोस्क</u>

बी) सिओक्स

c) सियांटो

d) किआक्सो

48. ______ पावर सर्ज को रोकने में मदद करता है।

ए) <u>सर्जसप्रेसर</u>

बी) स्पाइक रक्षक

ग) यूपीएस प्रणाली

डी) उच्च ग्रेड बहु-मीटर

49. यदि मेमोरी स्लॉट में 30 पिन हैं तो चिप है?

ए) डीआईएमएम

बी) <u>SIMM</u>

सी) एसडीआरएएम

घ) ये सभी

50. लेजर जेट प्रिंटर की गति को पेज प्रति मिनट (पीपीएम) में मापा जाता है, डॉट-मैट्रिक्स प्रिंटर को मापने के लिए हम किसका उपयोग करते हैं?

ए) लाइन प्रति इंच

बी) प्रति शीट लाइनें

सी) वर्ण प्रति इंच

d) <u>वर्णप्रतिसेकंड</u>

51. Macintosh को सफलतापूर्वक प्रिंट करने के लिए, सिस्टम फ़ोल्डर में निम्न शामिल होना चाहिए:

a) फाइल शेयरिंग सॉफ्टवेयर

बी) एक प्रिंटर एनबलर

ग) सेब गारमोंड फ़ॉन्ट सेट

d) <u>एकप्रिंटरड्राइवर</u>

52. लेजरप्रिंटर पर निवारक रखरखाव के दौरान किस घटक को वैक्यूम किया जाना चाहिए या प्रतिस्थापित किया जाना चाहिए?

ए) स्कैनिंग मिरर

बी) टोनर कार्ट्रिज

सी) <u>ओजोनफिल्टर</u>

घ) ये सभी

53. कौन सा उपकरण डीएमए चैनल का उपयोग करता है?

ए) मोडेम

बी) नेटवर्क कार्ड

ग) <u>साउंडकार्ड</u>

घ) ये सभी

54.एक मॉडेम को किस पोर्ट से जोड़ा जा सकता है?

ए) <u>समानांतरबंदरगाह</u>

बी) एएसवाईएनसी पोर्ट

सी) कीबोर्ड कनेक्टर

डी) वीडियो पोर्ट

55. कौन सा उपकरण बिजली की रुकावट को रोकता है, जिसके परिणामस्वरूप दूषित डेटा होता है?

a) <u>बैटरीबैक-अपयूनिट</u>

बी) सर्ज रक्षक

ग) एकाधिक SIMM स्ट्रिप्स

d) डेटा गार्ड सिस्टम

56. एससीएसआई को समाप्त किया जाना चाहिए?

ए) डुबकी स्विच

बी) प्रतिरोधी

सी) बीएनसी

घ) ये सभी

57. स्थैतिक बिजली से अपने पीसी को नुकसान पहुंचाने से रोकने का सबसे अच्छा तरीका क्या है?

ए) अपने पीसी को रबड़ की चटाई पर रखें

b) चमड़े के तलवे वाले जूते पहनें

सी) समय-समय पर अपने आप को डिस्चार्ज करने के लिए पीसी पर एक सुरक्षित ग्राउंड पॉइंट को स्पर्श करें

d) ESD कलाईकापट्टापहनें

58. दोषपूर्ण मॉनीटर का निवारण करते समय आप सबसे पहले क्या करेंगे?

a) कंप्यूटरऔरपावरस्रोतसेइसकेकनेक्शनकीजाँचकरें

b) मॉनिटर को बंद कर दें, फिर इसे फिर से चालू करके देखें कि क्या इससे समस्या ठीक हो जाती है

सी) निरंतरता के लिए सीआरटी और आंतरिक सर्किटरी की जांच के लिए मीटर का प्रयोग करें

घ) इनमें से कोई नहीं

59. सीरियल और पैरेलल पोर्ट को चेक करने के लिए आपको क्या चाहिए?

ए) पोर्ट एडाप्टर

बी) तर्क जांच

ग) लूपबैकप्लग

घ) ये सभी

60. आपके पास बिना वीडियो वाला पीसी है* निम्न में से किसके कारण समस्या होने की संभावना सबसे कम है?

ए) दोषपूर्ण रैम (बैंक शून्य)

बी) दोषपूर्ण माइक्रोप्रोसेसर

सी) हार्डड्राइवदुर्घटनाग्रस्तहोगया

डी) ढीला वीडियो कार्ड

61. बूटअप के दौरान आपको CMOS चेकसम त्रुटि मिलती है। सबसे अधिक संभावना क्या कारण है?

क) बिजली की आपूर्ति खराब है

बी) BIOS को अद्यतन करने की आवश्यकता है

सी) सीएमओएसबैटरीजीवनकेअंतकेकरीबहै

घ) इनमें से कोई नहीं

62. Mylar-संरक्षित LCD स्क्रीन की सफाई के लिए आपको किसका उपयोग करना चाहिए?

a) अमोनिया विंडो क्लीनर

बी) गैर-अपघर्षकक्लीन्ज़र

ग) विरोधी स्थैतिक पोंछे

डी) अल्कोहल-गर्भवती पोंछे

63. एक निश्चित डिस्क त्रुटि का कारण क्या हो सकता है?

ए) नो-सीडी स्थापित

b) बैड राम

ग) धीमा प्रोसेसर

डी) गलतसीएमओएससेटिंग्स

64. USB और IEEE 1394 मानकों के बीच सबसे महत्वपूर्ण अंतर क्या है?

ए) आईईईई 1394 तेजहै

बी) यूएसबी का समर्थन नहीं करता

c) USB प्लग एंड प्ले है

डी) आईईईई 1394 अदला-बदली नहीं है

65. दो आंतरिक SCSI हार्ड डिस्क को कंप्यूटर से कनेक्ट करते समय, आप दूसरी हार्ड ड्राइव को कहाँ कनेक्ट करते हैं?

a) कंप्यूटरपरकोईभीखुला SCSI पोर्ट

b) पहले होस्ट एडॉप्टर पर एक सीरियल पोर्ट

c) कंप्यूटर पर एक खुला समानांतर पोर्ट

डी) पहली हार्ड ड्राइव पर एक खुला एससीएसआई पोर्ट

66. एक रिबन केबल को कनेक्टर से कनेक्ट करते समय, आप कैसे जानते हैं कि इसे किस दिशा में प्लग करना है?

a) केबल में लाल रेखा उच्चतम पिन नंबर पर जाती है

बी) केबलमेंरंगीनरेखा # 1 . पिनकरनेकेलिएजातीहै

ग) इससे कोई फर्क नहीं पड़ता

घ) इनमें से कोई नहीं

67. क्लाइंट साइट पर पूरी तरह से मृत कंप्यूटर का निदान करने में पहला कदम क्या है जो एक दिन पहले काम कर रहा था।

ए) बिजली की आपूर्ति का परीक्षण करें

बी) सीएमओएस बैटरी बदलें

सी) एसीआउटलेटकीजांचकरें

डी) हार्ड ड्राइव कंट्रोलर केबल को रीसेट करें

68. पीसी हार्ड कार्ड किस विनिर्देशन में शामिल हैं?

ए) एससीएसआई

बी) आईएसए

सी) <u>पीसीएमसीआईए</u>

घ) एमएफएम

69. कौन सा सामान्य बस विनिर्देश सबसे तेज़ डेटा अंतरण दर प्रदान करता है?

ए) वीएल बस

बी) आईएसए

सी) <u>पीसीआई</u>

घ) ये सभी

70. मोडेम ट्रांसमिशन का उपयोग करते हैं।

ए) तुल्यकालिक

बी) <u>अतुल्यकालिक</u>

सी) समय अंतराल

जानकारी

71. A 6xx निम्न में से किसी समस्या को इंगित करता है:

ए) <u>फ्लॉपीड्राइव</u>

बी) हार्ड ड्राइव

सी) कीबोर्ड

डी) सीडी रोम

72. डॉट मैट्रिक्स प्रिंटर पर निवारक रखरखाव के दौरान, लुब्रिकेट न करें:

ए) प्लेटिन असेंबली

बी) प्रिंट हेड पुली

सी) <u>प्रिंटहेडपिन</u>

डी) पेपर एडवांस गियर बुशिंग

73. नई हार्ड ड्राइव स्थापित करने के बाद आपको "अमान्य मीडिया डिवाइस" संदेश दिखाई देता है। इसके बाद क्या करेंगे?

ए) <u>प्रारूप</u>

बी) Fdisk

ग) विभाजन

डी) ओएस जोड़ें

74. ईथरनेट लैन पर एक वर्कस्टेशन अभी स्थापित किया गया है, लेकिन नेटवर्क के साथ संचार नहीं कर सकता है। आपको पहले क्या जांचना चाहिए?

ए) नेटवर्क प्रोटोकॉल को फिर से स्थापित करें

बी) नेटवर्क इंटरफेस कार्ड ड्राइवर को फिर से स्थापित करें

सी) वर्कस्टेशन पर आईपी कॉन्फ़िगरेशन सत्यापित करें

डी) कंप्यूटरनेटवर्ककार्डपरलिंककीस्थितिसत्यापितकरें

75. एक पीसी के प्रमुख घटकों में से एक सेंट्रल प्रोसेसिंग यूनिट (सीपीयू) है जिसे सबसे अच्छा रूप में वर्णित किया जा सकता है:

a) वह उपकरण जो मॉनिटर को यह बताते हुए संकेत भेजता है कि क्या प्रदर्शित करना है

बी) वह क्षेत्र जो सभी सिस्टम बिजली उपयोग को नियंत्रित करता है

ग) वह क्षेत्र जहां बेसिक इनपुट/आउटपुट रूटीन का भंडारण किया जाता है

डी) वहक्षेत्रजहांसभीप्रसंस्करणहोताहै

76. कौन सा मॉनिटर उच्चतम स्तर का प्रदर्शन प्रदान करेगा?

ए) वीजीए

बी) एक्सजीए

सी) सीजीए

घ) एसवीजीए

77. निम्नलिखित में से किस मद के लिए आपको EPA निपटान दिशानिर्देशों का पालन करने की आवश्यकता होगी?

कुंजीपटल

बी) सिस्टम बोर्ड

ग) बिजली की आपूर्ति

डी) बैटरी

78. एक हार्ड डिस्क को पटरियों में विभाजित किया जाता है जिन्हें आगे उप-विभाजित किया जाता है:

ए) क्लस्टर

बी) क्षेत्र

सी) वैक्टर

डी) सिर

79. डॉट-मैट्रिक्स प्रिंटर के साथ सबसे अधिक जुड़ी हुई पेपर फीडिंग तकनीक क्या है?

ए) शीट फीड

बी) ट्रैक्टरफ़ीड

ग) घर्षण फ़ीड

डी) मैनुअल फीड

80. सीआरटी का निर्वहन करने से पहले आपको कौन सा कदम उठाना चाहिए?

ए) सीआरटी को उसके आवास से हटा दें

b) CRT को कंप्यूटर से डिस्कनेक्ट करें

ग) वीडियो असेंबली निकालें

डी) <u>बिजलीस्रोतकोहटानेसेपहलेबिजलीबंदकरें</u>

81. एक संधारित्र को निम्नलिखित में से किस इकाई में मापा जाता है?

ए) वोल्ट

बी) ओहम्स

ग) <u>फैराइस</u>

डी) प्रतिरोध

82. डिस्प्ले काम कर रहा है या नहीं यह निर्धारित करने के लिए आप क्या कहेंगे?

a) क्या स्क्रीन पर कोई वीडियो कर्सर या क्रिया है?

बी) क्या कंप्यूटर बीप या झंकार?

ग) क्या स्क्रीन पर उच्च वोल्टेज स्थिर है

घ) <u>येसभी</u>

83. आपका सीडी-रोम ऑडियो केबल निम्न से कनेक्ट होता है:

वक्ता

बी) <u>साउंडकार्ड (यामदरबोर्डअगरध्वनिइसकेसाथएकीकृतहै)</u>

ग) बिजली की आपूर्ति

डी) हार्ड ड्राइव

84. एक पीसी कार्ड टाइप करें:

a) केवल डेस्कटॉप में उपयोग किया जाता है

बी) अब उत्पादन नहीं किया जा रहा है

c) <u>पीसीकार्डमेंसबसेपतलेहैं</u>

डी) मौजूद नहीं है

85. लेजर तकनीक में, स्थानांतरण चरण के दौरान क्या होता है? a) अवशिष्ट टोनर को अपशिष्ट पात्र में स्थानांतरित किया जाता है

बी) लेजर छवि को ड्रम से कागज पर स्थानांतरित करता है

ग) <u>छविकोड्रमसेकागजपरस्थानांतरितकियाजाताहै</u>

d) एक ऋणात्मक आवेश सतह पर ड्रम में स्थानांतरित हो जाता है

86. मान लीजिए कि पावर लैंप चालू है, लेकिन प्रिंटर प्रिंट नहीं करेगा। समस्या को ठीक करने के लिए आप क्या कर सकते हैं?

क) <u>सुनिश्चितकरेंकिप्रिंटरलाइनपरहै</u>

बी) एसी लाइन फ्यूज को बदलें

ग) प्रिंटर को चालू और बंद करें

घ) रिबन बदलें

87. Macintosh स्क्रीन पर बम के साथ एक डायलॉग बॉक्स दिखाई देता है। किस प्रकार की समस्या हुई है?

ए) एक रैम समस्या

बी) एक सॉफ्टवेयर समस्या

ग) एक रोम समस्या

घ) एक एडीबी समस्या

88. बिजली बाधित न हो, जिसके परिणामस्वरूप दूषित डेटा हो, यह सुनिश्चित करने के लिए आप क्या उपयोग कर सकते हैं?

ए) यूपीएस

बी) उचित ग्राउंडिंग

सी) सर्ज रक्षक

डी) साग रक्षक

89. आपके कंप्यूटर के पीछे एक 25-पिन महिला कनेक्टर आमतौर पर होगा:

ए) सीरियल पोर्ट 1

बी) एकसमानांतरबंदरगाह

ग) डॉकिंग

डी) COM2 पोर्ट

90. प्रिंटर ड्राइवर के लिए रजिस्ट्री विवरण को ठीक करने का अनुशंसित तरीका क्या है?

ए) स्पूल फ़ाइल हटाएं

b) regedit.exe चलाएँ और प्रिंटर के किसी भी संदर्भ को हटा दें

ग) sysedit.exe चलाएँ और प्रिंटर के किसी भी संदर्भ को हटा दें

डी) प्रिंटरड्राइवरकोहटादेंऔरइसेफिरसेस्थापितकरें

91. समस्या निवारण में एक महत्वपूर्ण पहला कदम लेजर प्रिंटर में कौन सा घटक जाम पैदा कर रहा है:

a) नोटकरेंकिपेपरपथमेंपेपरकहाँरुकताहै

बी) सभी वोल्टेज की जांच करें

ग) त्रुटि कोड देखें

d) प्रिंटर को बंद कर दें, फिर फिर से चालू करें

92. आरक्षित मेमोरी क्षेत्र का आकार क्या है?

ए) 64 केबी

बी) 384 केबी

सी) 640 केबी

घ) 1024 केबी

93. कंप्यूटर में धूल वास्तव में उसके अंदर चुंबकीय क्षेत्र के आकार को बढ़ा देती है। यह अच्छा नहीं है, इसलिए आपको कभी-कभार धूल फांकना चाहिए, मुझे विश्वास है। ऐसा करने का सबसे अच्छा तरीका क्या है?

ए) रिजर्ववैक्यूम

बी) कोई भी छोटा वैक्यूम डिवाइस

ग) सिस्टम बोर्ड पर असली जोर से फूंक मारें

डी) <u>संपीड़ितहवाकाउपयोगकरसकतेहैं</u>

94. एक समता त्रुटि आमतौर पर एक समस्या का संकेत देती है:

ए) <u>मेमोरी</u>

बी) हार्ड ड्राइव

सी) हार्ड ड्राइव नियंत्रक

डी) आई / ओ नियंत्रक

95. मॉनिटर पावर एलईडी चालू है? लेकिन मॉनिटर स्क्रीन पूरी तरह से डार्क है। समस्या का कम से कम संभावित कारण है:

ए) कंप्यूटर वीडियो सर्किटरी में दोष

बी) डिस्कनेक्टेड वीडियो केबल

ग) दोषपूर्ण मॉनिटर

डी) <u>सिस्टमरैमसमस्या</u>

96. आम इंक जेट प्रिंटर में स्याही को कागज में कैसे स्थानांतरित किया जाता है?

क) उबलती स्याही

बी) <u>क्रिस्टल</u>

ग) मोटर चालित पंप

d) कागज पर स्याही का छिड़काव किया जाता है और एक नोजल द्वारा प्रबंधित किया जाता है

97. इंकजेट प्रिंटर में पेपर ट्रे के साथ सबसे आम समस्या क्या है?

क) असंगत मुद्रण

बी) <u>खराबपिकअपरोलर्स</u>

ग) शीट फीडर का गलत संरेखण

डी) स्याही कारतूस पर पेपर जैमिंग

98. एक ग्राहक कॉल करता है और कहता है कि उसका कंप्यूटर बूट नहीं हो रहा है, वह शोर सुन सकती है और बॉक्स पर रोशनी देख सकती हैं, लेकिन स्क्रीन पर कुछ भी नहीं आता है, समस्या को ठीक करने के लिए आपको साइट पर क्या ले जाना चाहिए?

ए) हार्ड ड्राइव

बी) <u>वीडियोकार्ड</u>

सी) पावर केबल

डी) बिजली की आपूर्ति

99. डॉट मैट्रिक्स प्रिंटर पर पैची, फीकी, असमान या इंटरमिटेंट प्रिंट को कौन सी क्रिया ठीक करेगी?

क) <u>रिबनकोबदलना</u>

बी) टाइमिंग बेल्ट को बदलना

ग) कागज फ़ीड तनाव को समायोजित करना

d) ट्रैक्टर फीड रैन्शन को एडजस्ट करना

100. हर वीडियो कार्ड में होना चाहिए?

ए) सीएमओएस

बी) <u>राम</u>

सी) सीपीयू

घ) ये सभी

101. जो खंडित हार्ड ड्राइव का सबसे अच्छा वर्णन करता है:

क) थाली खराब हैं

b) डेटा फ़ाइलें दूषित हैं

c) डेटा के क्लस्टर क्षतिग्रस्त हैं

d) <u>फ़ाइलेंलगातारक्लस्टरमेंसंग्रहीतनहींहोतीहैं</u>

102. एक लेजर प्रिंटर पूरी तरह से काला पृष्ठ उत्पन्न करता है, इसका क्या कारण है?

ए) खराब इमेजिंग लेजर

बी) टोनर कार्ट्रिज में निम्न स्तर

c) कोरोना को स्थानांतरित करने की कोई शक्ति नहीं

d) <u>प्राथमिककोरोनाकोकोईशक्तिनहीं</u>

103. आपको अपने कार्यालय में लेजर प्रिंटर की सेवा अवश्य करनी चाहिए। प्रिंटर के किस भाग को छूने से बचना चाहिए क्योंकि वह गर्म है?

ए) <u>फ्यूज़र</u>

बी) प्रिंटर हेड

सी) प्राथमिक कोरोना

डी) उच्च वोल्टेज बिजली की आपूर्ति

104. सामान्य पीसी बूट प्रक्रिया के दौरान, निम्न में से कौन पहले सक्रिय होता है?

ए) रैम BIOS

बी) सीएमओएस

सी) <u>रॉम BIOS</u>

d) हार्ड डिस्क की जानकारी

105. किस डिवाइस को एक मानक अप में प्लग नहीं करना चाहिए?

एक मॉनिटर

बी) लेजरप्रिंटर

c) इंक-जेट प्रिंटर

डी) एक बाहरी मॉडेम

106. क्या आपको प्रिंटर के दोनों ओर प्रिंट करने की अनुमति देता है?

ए) फ्यूज़र

बी) डुप्लेक्सर

ग) टोनर कार्ट्रिज

डी) पेपर-स्वैपिंग यूनिट

107. कौन सा आमतौर पर एक फील्ड रिप्लेसेबल यूनिट नहीं है?

ए) सिस्टम रोम

बी) बिजली की आपूर्ति

सी) सिस्टमचेसिस

डी) वीडियो नियंत्रक

108. पर्यावरण की दृष्टि से पुनर्चक्रण का सबसे आसान घटक कौन सा है?

ए) मदरबोर्ड

बी) सीएमओएस बैटरी

ग) टोनरकार्ट्रिज

डी) कैथोड रे ट्यूब

109. यदि प्रिंटर केबल को पावर केबल के पास रखा जाए तो क्या समस्या हो सकती है?

ए) ईएसडी इलेक्ट्रोस्टैटिक डिस्चार्ज

बी) ईएमआईविद्युतचुम्बकीयहस्तक्षेप

सी) समता त्रुटि

डी) कोई प्रभाव नहीं

110. बिजली के तूफान के दौरान आप पीसी को पूरी तरह से नुकसान से कैसे बचा सकते हैं?

ए) एसीपावरकेबलकोडिस्कनेक्टकरें

बी) सभी बाहरी केबल और पावर कॉर्ड को डिस्कनेक्ट करें

सी) एक वृद्धि रक्षक का प्रयोग करें

डी) एसी पावर बंद करें

111. सभी ऑपरेटिंग सिस्टम अपनी कुल मेमोरी को इनिशियलाइज़ करते हैं? ए) सीपीयू

बी) BIOS

सी) रोम

डी) राम

112. फ़्यूज़िंग प्रक्रिया के दौरान, टोनर है:

ए) कागज में दबाया हुआ सूखा

b) विद्युत रूप से कागज से बंधा हुआ

ग) कागज में पिघल गया

डी) <u>कागजपरउच्चदबावछिड़काव</u>

113. लेजर प्रिंटर की सेवा के बाद, आप गंदे प्रिंट को देखते हैं। निम्नलिखित में से कौन समस्या को ठीक करेगा?

ए) डेवलपर टैंक को साफ करें

बी) प्रिंटर रीसेट करें

ग) <u>कईखालीपृष्ठचलाएँ</u>

डी) लेजर डायोड को साफ करें

114. बूट प्रक्रिया के दौरान, सिस्टम सबसे पहले मेमोरी को कहां से गिनता है?

ए) विस्तार मेमोरी बोर्ड

बी) वीडियो एडेप्टर

सी) <u>सिस्टमबोर्ड</u>

डी) कैश

115. आपके पास एक प्रणाली है जो समय-समय पर लॉक हो जाती है। आपने सॉफ़्टवेयर से इंकार कर दिया है, और अब संदेह है कि यह हार्डवेयर है। आपको सबसे पहले क्या करना चाहिए जो आपको गलती से घटक को कम करने में मदद कर सके?

ए) रैम को घुमाएं

बी) रैम को बदलें

ग) स्तर 2 कैश SIMM को बदलें

d) <u>CMOS में CPU कैशकोअक्षमकरें</u>

116. आपके हार्ड ड्राइव डेटा को सुरक्षित रखने का सबसे अच्छा तरीका क्या है?

ए) <u>नियमितबैकअप</u>

बी) समय-समय पर इसे डीफ्रैग्मेन्ट करें

ग) सप्ताह में कम से कम एक बार रनचडस्क

घ) एक नियमित निदान चलाएं

117. कंप्यूटर पर स्लॉट कवर गुम होने का कारण क्या हो सकता है?

ए) <u>गर्मीसेअधिक</u>

बी) पावर सर्ज

सी) ईएमआई

d) ESD के लिए अधूरा रास्ता

118. लेजर प्रिंटर तकनीक में, कंडीशनिंग चरण के दौरान क्या होता है?

a) कोरोना तार कागज पर एकसमान धनावेश रखता है

b) प्रकाशसंवेदीड्रमपरएकसमानऋणात्मकआवेशलगायाजाताहै

सी) टोनर पर एक समान नकारात्मक चार्ज लगाया जाता है

घ) ये सभी

119. कीबोर्ड पर कीज को साफ करने के लिए किस उत्पाद का उपयोग किया जाता है?

ए) टीएमसी विलायक

बी) सिलिकॉन स्प्रे

ग) विकृत शराब

d) सर्व-उद्देश्यीयक्लीनर

120. कौन सा परिधीय बंदरगाह लेजर प्रिंटर को सबसे तेज़ प्रदान करता है?

ए) आरएस -232

बी) एससीएसआई

सी) समानांतर

डी) सीरियल

121. आपका ग्राहक आपको बताता है कि उनके डॉट मैट्रिक्स प्रिंटर की प्रिंट गुणवत्ता हल्की और गहरी है। निम्नलिखित में से कौन समस्या का कारण बन सकता है।

क) कागज की फिसलन

बी) अनुचितरिबनउन्नति

ग) कागज की मोटाई

डी) सिर की स्थिति

122. I/O कार्ड I पर 34-पिन कनेक्शन के लिए?

ए) फ्लॉपीड्राइव

बी) एससीएसआई ड्राइव

सी) आईडीई ड्राइव

डी) ज़िप ड्राइव

123. शब्द "लाल किताब", "पीली किताब" और "नारंगी किताब" का संदर्भ है:

ए) एससीएसआई

बी) आईडीई

ग) फ्लॉपी ड्राइव तकनीक

डी) सीडी-रोममानक

124. कौन से बीप कोड सिस्टम बोर्ड या बिजली आपूर्ति की विफलता का संकेत दे सकते हैं?

ए) स्थिर लघु बीप

बी) कोई बीप नहीं

सी) एक लंबी निरंतर बीप टोन

घ) <u>ये सभी</u>

125. लेजर प्रिंटर का कौन सा भाग सूर्य के प्रकाश के संपर्क में नहीं आना चाहिए?

a) ट्रांसफर कोरोना असेंबली

बी) <u>पीसीड्रम</u>

ग) प्राथमिक कोरोना तार

d) टोनर कार्ट्रिज

126. इंकजेट प्रौद्योगिकी में स्याही की बूंदों को किसके द्वारा विक्षेपित किया जाता है?

क) <u>बहुदिशात्मकनलिका</u>

बी) इलेक्ट्रॉनिक रूप से प्लेट चार्ज करता है

सी) उच्च दबाव प्लेट

डी) इलेक्ट्रो स्थैतिक अवशोषण

127. कौन बड़ी वीडियो फ़ाइलों तक सबसे तेज़ पहुँच प्रदान करता है?

ए) ऑप्टिकल ड्राइव

बी) आईडीई हार्ड ड्राइव

सी) <u>एससीएसआईहार्डड्राइव</u>

डी) ईआईडीई हार्ड ड्राइव

128. आपके कंप्यूटर के पीछे एक 25-पिन महिला कनेक्टर आमतौर पर होगा:

ए) सीरियल पोर्ट 1

बी) <u>एकसमानांतरबंदरगाह</u>

ग) डॉकिंग

डी) COM2 पोर्ट

129. पीसी की तरफ, प्रिंटर पोर्ट है:

ए) 25 पिन महिला सीरियल कनेक्टर

बी) 15 पिन महिला समानांतर कनेक्टर

सी) 25 पिन पुरुष सीरियल कनेक्टर

डी) <u>25 पिनमहिलासमानांतरकनेक्टर</u>

130. आप विंडोज 95 में एक एप्लिकेशन इंस्टॉल कर रहे हैं, और कंप्यूटर क्रैश हो जाता है, आप क्या करते हैं?

a) Alt + Ctrl + Delete दबाएं, दो बार

बी) Alt + Ctrl + हटाएं दबाएं, और कार्य समाप्त करें

c) कंप्यूटर पर रीसेट बटन दबाएं

डी) कंप्यूटरबंदकरेंऔरफ्लॉपीडिस्कसेबूटकरें

131. RS-232 एक मानक है जो इस पर लागू होता है:

ए) सीरियलपोर्ट

बी) समानांतर बंदरगाह

सी) गेम पोर्ट

डी) नेटवर्क

132. आपने अभी एक नया IDE हार्ड ड्राइव स्थापित किया है, लेकिन आपका सिस्टम BIOS नई ड्राइव को नहीं पहचान पाएगा, आपको पहले क्या जांचना चाहिए।

ए) केबल अनुक्रम

बी) हार्डड्राइवपरजंपर्स

ग) ड्राइवर जिन्हें लोड करने की आवश्यकता है

डी) हार्ड ड्राइव निर्माता वेब साइट की जानकारी

133. कंप्यूटर के सभी भौतिक घटकों को सामूहिक रूप से कहा जाता है।

(ए) सॉफ्टवेयर

(बी) हार्डवेयर

(सी) मैलवेयर

(डी) जंकवेयर

134. हार्डवेयर ______ को छुआ जाए।

(ए) नहीं कर सकता

(बी) करसकतेहैं

(सी) मई

(डी) होगा

135. हार्डवेयर ______ काम करने के लिए विद्युत शक्ति।

(ए) खपत

(बी) उपभोग नहीं करता

(सी) उत्पन्न करता है (डी) बनाता है

136. हार्डवेयर ______ स्थान।

(ए) कब्जा नहीं करता है

(बी) कब्जा

(सी) की आवश्यकता नहीं है

(डी) की जरूरत नहीं है

www.ingramcontent.com/pod-product-compliance
Ingram Content Group UK Ltd.
Pitfield, Milton Keynes, MK11 3LW, UK
UKHW021906190726
13853UKWH00002B/538